Traduzidos dos respectivos originais, com introduções e notas explicativas, esta colecção põe o leitor em contacto com textos marcantes da história da filosofia.

A Paz Perpétua
e Outros Opúsculos

TÍTULO ORIGINAL
Zum Ewigen Frieden, ein Philosophischer Entururf, etc.

© desta tradução Edições 70, Lda. e Artur Morão

TRADUÇÃO
Artur Morão

CAPA
FBA

DEPÓSITO LEGAL 278360/08

IMPRESSÃO E ACABAMENTO
DPS - DIGITAL PRINTING SERVICES, LDA
para
EDIÇÕES 70, LDA.
Agosto de 2016

ISBN: 978-972-44-1515-4

Direitos reservados para todos os países de língua portuguesa
por Edições 70

EDIÇÕES 70, Lda.
Avenida Engenheiro Arantes e Oliveira, n.º 11 – 3.º C
1900-221 Lisboa
e-mail: geral@edicoes70.pt

www.edicoes70.pt

Esta obra está protegida pela lei. Não pode ser reproduzida, no
todoou em parte, qualquer que seja o modo utilizado, incluindo
fotocópia e xerocópia, sem prévia autorização do Editor. Qualquer transgressãoà lei dos Direitos de Autor será passível de
procedimento judicial.

Immanuel Kant
A Paz Perpétua
e Outros Opúsculos

Advertência

A selecção dos opúsculos aqui propostos e traduzidos procura condensar num volume os escritos relativamente menores (!) em que Kant, com tanto brilho e tensão interior, expõe a sua filosofia política. Apesar de disperso, porque nunca foi objecto de uma obra coesa e pensada de princípio ao fim, o pensamento político de Kant insere-se numa focagem sistemática e é sagazmente coerente com a teoria da razão (sobretudo *prática*) e a sua intenção central, que é a de um *Aufklärer* crítico.

A tradução fez-se com base na edição de Wilhelm Weischedel (Insel Verlag 1964, Wissenschaftliche Buchgesellschaft 1964), tendo-se também atendido ao texto da Academia sempre que se revelou oportuno. A ordem dos opúsculos é a cronológica, como se pode deduzir da data afixada sob o título de cada um. Em cada um deles assinala-se igualmente a paginação original (A ou B, conforme se trata da primeira ou da segunda edição).

ARTUR MORÃO

/ Resposta à pergunta: Que é o Iluminismo?
(1784)
(3 Dez. 1783, p. 516) ([1])

O Iluminismo é a saída do homem da sua menoridade de que ele próprio é culpado. A *menoridade* é a incapacidade de se servir do entendimento sem a orientação de outrem. Tal menoridade *é por culpa própria* se a sua causa não reside na falta de entendimento, mas na falta de decisão e de coragem em se servir de si mesmo sem a orientação de outrem. *Sapere aude!* Tem a coragem de te servires do teu próprio entendimento! Eis a palavra de ordem do Iluminismo.

A preguiça e a cobardia são as causas por que os homens em tão grande parte, após a natureza os ter há muito liber-

---

([1]) A indicação da página da «Berlinischen Monatsschrift» refere-se à seguinte nota na frase: «Será aconselhável sancionar ulteriormente o vínculo conjugal por meio da religião?» do Sr. Preg. Zöllner: *«Que é o Iluminismo?* Esta pergunta, quase tão importante como esta: *Que é a Verdade?*, deveria receber uma resposta antes de se começar a esclarecer! E, no entanto, em nenhum lugar a vi ainda respondida.»

/ A 481 – Nota / A 481

10 | A PAZ PERPÉTUA

tado do controlo alheio *(naturaliter maiorennes)*, / continuem, no entanto, de boa vontade menores durante toda a vida; e também porque a outros se torna tão fácil assumirem-se como seus tutores. É tão cómodo ser menor. Se eu tiver um livro que tem entendimento por mim, um director espiritual que tem em minha vez consciência moral, um médico que por mim decide da dieta, etc., então não preciso de eu próprio me esforçar. Não me é forçoso pensar, quando posso simplesmente pagar; outros empreenderão por mim essa tarefa aborrecida. Porque a imensa maioria dos homens (inclusive todo o belo sexo) considera a passagem à maioridade difícil e também muito perigosa é que os tutores de boa vontade tomaram a seu cargo a superintendência deles. Depois de, primeiro, terem embrutecido os seus animais domésticos e evitado cuidadosamente que estas criaturas pacíficas ousassem dar um passo para fora da carroça em que as encerra ram, mostram-lhes em seguida o perigo que as ameaça, se tentarem andar sozinhas. Ora, este perigo não é assim tão grande, pois aprenderiam por fim muito bem a andar. Só que um tal exemplo intimida e, em geral, gera pavor perante todas as tentativas ulteriores.

É, pois, difícil a cada homem desprender-se da menoridade que para ele se tornou / quase uma natureza. Até lhe ganhou amor e é por agora realmente incapaz de se servir do seu próprio entendimento, porque nunca se lhe permitiu fazer uma tal tentativa. Preceitos e fórmulas, instrumentos mecânicos do uso racional ou, antes, do mau uso dos seus dons naturais são os grilhões de uma menoridade perpétua. Mesmo quem deles se soltasse só daria um salto inseguro sobre o mais pequeno fosso, porque não está habituado a este movimento livre. São, pois, muito poucos apenas os que conseguiram mediante a transformação do seu espírito arrancar-se à menoridade e iniciar então um andamento seguro.

/ A 481, 482, 483

RESPOSTA À PERGUNTA: QUE É O ILUMINISMO? | 11

Mas é perfeitamente possível que um público a si mesmo se esclareça. Mais ainda, é quase inevitável, se para tal lhe for dada liberdade. Com efeito, haverá sempre alguns que pensam por si, mesmo entre os tutores estabelecidos da grande massa que, após terem arrojado de si o jugo da menoridade, espalharão à sua volta o espírito de uma avaliação racional do próprio valor e da vocação de cada homem para por si mesmo pensar. Importante aqui é que o público, que antes fora por eles sujeito a este jugo, os obriga doravante a permanecer sob ele quando por alguns dos seus tutores, pessoalmente incapazes de qualquer ilustração, é a isso / incitado. Semear preconceitos é muito pernicioso, porque acabam por se vingar dos que pessoalmente, ou os seus predecessores, foram os seus autores. Por conseguinte, um público só muito lentamente pode chegar à ilustração. Por meio de uma revolução poderá talvez levar-se a cabo a queda do despotismo pessoal e da opressão gananciosa ou dominadora, mas nunca uma verdadeira reforma do modo de pensar. Novos preconceitos, justamente como os antigos, servirão de rédeas à grande massa destituída de pensamento.

Mas, para esta ilustração, nada mais se exige do que *a liberdade;* e, claro está, a mais inofensiva entre tudo o que se pode chamar liberdade, a saber, a de fazer um *uso público* da sua razão em todos os elementos. Mas agora ouço exclamar de todos os lados: *não raciocines!* Diz o oficial: não raciocines mas faz exercícios! Diz o funcionário de Finanças: não raciocines, paga! E o clérigo: não raciocines, acredita! (Apenas um único senhor no mundo diz: *raciocinai* tanto quanto quiserdes e sobre o que quiserdes, mas obedecei!) Por toda a parte se depara com a restrição da liberdade. Mas qual é a restrição que se opõe ao Iluminismo? Qual a restrição que não o impede, mas antes o fomenta? Respondo: o uso *público* da própria razão deve sempre ser livre e só ele pode levar a

/ A 483, 484

12 | A PAZ PERPÉTUA

cabo a ilustração / entre os homens; *o uso privado* da razão pode, porém, muitas vezes coarctar-se fortemente sem que, no entanto, se impeça por isso notavelmente o progresso da ilustração. Mas por uso público da própria razão entendo aquele que qualquer um, enquanto *erudito,* dela faz perante o grande público do *mundo letrado.* Chamo uso privado àquele que alguém pode fazer da sua razão num certo *cargo público* ou função a ele confiado. Ora, em muitos assuntos que têm a ver com o interesse da comunidade, é necessário um certo mecanismo em virtude do qual alguns membros da comunidade se devem comportar de um modo puramente passivo a fim de, mediante uma unanimidade artificial, serem orientados pelo governo para fins públicos ou que, pelo menos, sejam impedidos de destruir tais fins. Neste caso, não é, sem dúvida, permitido raciocinar, mas tem de se obedecer. Na medida, porém, em que esta parte da máquina se considera também como elemento de uma comunidade total, e até da sociedade civil mundial, por conseguinte, na qualidade de um erudito que se dirige por escrito a um público em entendimento genuíno, pode certamente raciocinar sem que assim os negócios a que, em parte, se encontra sujeito como membro passivo sofram qualquer dano. Assim, seria muito prejudicial se um oficial, a quem o seu superior ordenou algo, quisesse em serviço sofismar em voz alta / acerca da inconveniência ou utilidade dessa ordem; tem de obedecer, mas não se lhe pode impedir de um modo justo, enquanto perito, que faça observações sobre os erros do serviço militar e expô-las ao seu público para que as julgue. O cidadão não pode recusar-se a pagar os impostos que lhe são exigidos; e uma censura impertinente de tais obrigações, se por ele devem ser cumpridas, pode mesmo punir-se como um escândalo (que poderia causar uma insubordinação geral). Mas, apesar disso, não age contra o dever de um cidadão se, como

/ A 484, 485, 486

RESPOSTA À PERGUNTA: QUE É O ILUMINISMO? | 13

erudito, ele expõe as suas ideias contra a inconveniência ou também a injustiça de tais prescrições. Do mesmo modo, um clérigo está obrigado a ensinar os discípulos de catecismo e a sua comunidade em conformidade com o símbolo da Igreja, a cujo serviço se encontra, pois ele foi admitido com esta condição. Mas, como erudito, tem plena liberdade e até a missão de participar ao público todos os seus pensamentos cuidadosamente examinados e bem-intencionados sobre o que de erróneo há naquele símbolo, e as propostas para uma melhor regulamentação das matérias que respeitam à religião e à Igreja. Nada existe aqui que possa constituir um peso na consciência. Com efeito, o que ele ensina em consequência da sua função, como ministro da Igreja, expõe-no como algo em relação / ao qual não tem o livre poder de ensinar segundo a sua opinião própria, mas está obrigado a expor segundo a prescrição e em nome de outrem. Dirá: a nossa Igreja ensina isto ou aquilo; são estes os argumentos comprovativos de que ela se serve. Em seguida, ele tira toda a utilidade prática para a sua comunidade de preceitos que ele próprio não subscreveria com plena convicção, mas a cuja exposição se pode, no entanto, comprometer, porque não é de todo impossível que aí resida alguma verdade oculta. Em todo o caso, porém, não deve aí encontrar-se coisa alguma que se oponha à religião interior, pois se acreditasse encontrar aí semelhante contradição, então, não poderia desempenhar em consciência o seu ministério; teria de renunciar. Por consequência, o uso que um professor contratado faz da sua razão perante a sua comunidade é apenas um *uso privado,* porque ela, por maior que seja, é sempre apenas uma assembleia doméstica; e no tocante a tal uso, ele, como sacerdote, não é livre e também o não pode ser, porque exerce uma incumbência alheia. Em contrapartida, como erudito que, mediante escritos, fala a um público genuíno, a saber, ao mundo, o clérigo, no *uso*

/ A 486, 487

14 | A PAZ PERPÉTUA

público da sua razão, goza de uma liberdade ilimitada de se servir da própria razão e de falar em seu nome próprio. Com efeito, é um absurdo, que leva à perpetuação dos absurdos, que os tutores do povo / (em coisas espirituais) tenham de ser, por sua vez, menores. Mas não deveria uma sociedade de clérigos, por exemplo, uma assembleia eclesial ou uma *classis* (como a si mesma se denomina entre os Holandeses) venerável estar autorizada sob juramento a comprometer-se entre si com um certo símbolo imutável para assim se instituir uma interminável supertutela sobre cada um dos seus membros e, por meio deles, sobre o povo, e deste modo a eternizar? Digo: isso é de todo impossível. Semelhante contrato, que decidiria excluir para sempre toda a ulterior ilustração do género humano, é absolutamente nulo e sem validade, mesmo que fosse confirmado pela autoridade suprema por parlamentos e pelos mais solenes tratados de paz. Uma época não pode coligar--se e conjurar para colocar a seguinte num estado em que se deve tornar impossível a ampliação dos seus conhecimentos (sobretudo os mais urgentes), a purificação dos erros e, em geral, o avanço progressivo na ilustração. Isto seria um crime contra a natureza humana, cuja determinação original consiste justamente neste avanço. E os vindouros têm, pois, toda a legitimidade para recusar essas resoluções decretadas de um modo incompetente e criminoso. A pedra de toque / de tudo o que se pode decretar como lei sobre um povo reside na pergunta: poderia um povo impor a si próprio essa lei? Seria sem dúvida possível, na expectativa, por assim dizer, de uma lei melhor, por um determinado e curto prazo, para introduzir uma certa ordem. Ao mesmo tempo, facultar-se-ia a cada cidadão, em especial ao clérigo, na qualidade de erudito, fazer publicamente, isto é, por escrito, as suas observações sobre o que há de erróneo nas instituições

/ A 487, 488, 489

RESPOSTA À PERGUNTA: QUE É O ILUMINISMO? | 15

anteriores; entretanto, a ordem introduzida continuaria em vigência até que o discernimento da natureza de tais coisas se tivesse de tal modo difundido e testado publicamente que os cidadãos, unindo as suas vozes (embora não todas), poderiam trazer a sua proposta diante do trono a fim de protegerem as comunidades que, segundo o seu conceito do melhor discernimento, se teriam coadunado numa organização religiosa modificada sem, no entanto, impedir os que quisessem ater-se à antiga. Mas é absolutamente proibido coadunar-se numa constituição religiosa pertinaz, por ninguém posta publicamente em dúvida, mesmo só durante o tempo de vida de um homem e deste modo aniquilar, por assim dizer, um período de tempo no progresso da humanidade para o melhor e torná-lo infecundo e prejudicial para a posteridade. Sem dúvida, um homem, para a sua pessoa, / e mesmo então só por algum tempo, pode, no que lhe incumbe saber, adiar a ilustração; mas renunciar a ela, quer seja para si, quer ainda mais para a descendência, significa lesar e calcar aos pés o sagrado direito da humanidade. Mas o que não é lícito a um povo decidir em relação a si mesmo menos o pode ainda um monarca decidir sobre o povo, pois a sua autoridade legislativa assenta precisamente no facto de na sua vontade unificar a vontade conjunta do povo. Quando ele vê que toda a melhoria verdadeira ou presumida coincide com a ordem civil, pode então permitir que em tudo o mais os seus súbditos façam por si mesmos o que julguem necessário fazer para a salvação da sua alma. Não é isso que lhe importa, mas compete-lhe obstar a que um impeça à força o outro de trabalhar segundo toda a sua capacidade na determinação e fomento da mesma. Constitui mesmo um dano para a sua majestade imiscuir-se em tais assuntos, ao honrar com a inspecção do seu governo os escritos em que os seus súbditos procuram clarificar as suas ideias, quer quando ele faz isso

/ A 489, 490

a partir do seu discernimento superior, pelo que se sujeita à censura: *Caesar non est supra grammaticos* (*), quer também e ainda mais quando rebaixa o seu poder supremo a ponto de apoiar o despotismo espiritual de alguns tiranos / no seu estado contra os demais súbditos.

Se, pois, se fizer a pergunta – Vivemos nós agora numa *época esclarecida?* – a resposta é: não. Mas vivemos numa época do *Iluminismo*. Falta ainda muito para que os homens tomados em conjunto, da maneira como as coisas agora estão, se encontrem já numa situação ou nela possam apenas vir a estar para, em matéria de religião, se servirem bem e com segurança do seu próprio entendimento, sem a orientação de outrem. Temos apenas claros indícios de que se lhes abre agora o campo em que podem actuar livremente, e diminuem pouco a pouco os obstáculos à ilustração geral, ou à saída dos homens da menoridade de que são culpados. Assim considerada, esta época é a época do Iluminismo, ou o século de *Frederico*.

Um príncipe que não acha indigno de si dizer que tem por *dever* nada prescrever aos homens em matéria de religião, mas deixar-lhes aí a plena liberdade, que, por conseguinte, recusa o arrogante nome de *tolerância,* é efectivamente esclarecido e merece ser encomiado pelo mundo grato e pela posteridade como aquele que, pela primeira vez, libertou o género humano da menoridade, pelo menos por parte do governo, e deu a cada qual a liberdade de se / servir da própria razão em tudo o que é assunto da consciência. Sob o seu auspício, clérigos veneráveis podem, sem prejuízo do seu dever ministerial e na qualidade de eruditos, expor livre e publicamente ao mundo para que este examine os seus juízos e ideias que, aqui

---

(*) «César não está acima dos gramáticos.»

/ A 490, 491, 492

RESPOSTA À PERGUNTA: QUE É O ILUMINISMO? | 17

ou além, se afastam do símbolo admitido; mas, mais ainda é permitido a quem não está limitado por nenhum dever de ofício. Este espírito de liberdade difunde-se também no exterior, mesmo onde entra em conflito com obstáculos externos de um governo que a si mesmo se compreende mal. Com efeito, perante tal governo brilha um exemplo de que, no seio da liberdade, não há o mínimo a recear pela ordem pública e pela unidade da comunidade. Os homens libertam-se pouco a pouco da brutalidade, quando de nenhum modo se procura intencionalmente nela conservá-los

Pus o ponto central do Iluminismo, a saída do homem da sua menoridade culpada, sobretudo nas *coisas de religião*, porque em relação às artes e às ciências os nossos governantes não têm interesse algum em exercer a tutela sobre os seus súbditos; por outro lado, a tutela religiosa, além de ser mais prejudicial, é também a mais desonrosa de todas. Mas o modo de pensar de um chefe de Estado, que favorece a primeira, vai ainda mais além e discerne que mesmo no tocante à sua *legislação* / não há perigo em permitir aos seus súbditos fazer uso público da sua própria razão e expor publicamente ao mundo as suas ideias sobre a sua melhor formulação, inclusive por meio de uma ousada crítica da legislação que já existe; um exemplo brilhante que temos é que nenhum monarca superou aquele que admiramos.

Mas também só aquele que, já esclarecido, não teme as sombras e que, ao mesmo tempo, dispõe de um exército bem disciplinado e numeroso para garantir a ordem pública, pode dizer o que a um Estado livre não é permitido ousar: *raciocinai tanto quanto quiserdes e sobre o que quiserdes; mas obedecei!* Revela-se aqui um estranho e não esperado curso das coisas humanas; como, aliás, quando ele se considera em conjunto, quase tudo aí é paradoxal. Um grau maior da liberdade civil parece vantajosa para a liberdade do *espírito*

/ A 492, 493

18 | A PAZ PERPÉTUA

do povo e, no entanto, estabelece-lhe limites intransponíveis; um grau menor cria-lhe, pelo contrário, o espaço para ela se alargar segundo toda a sua capacidade. Se, pois, a natureza, debaixo deste duro invólucro, desenvolveu o germe de que delicadamente cuida, a saber, a tendência e a vocação para *o pensamento livre*, então ela actua por sua vez gradualmente sobre o modo do sentir do povo (pelo que este tornar-se-á cada vez mais / capaz de *agir segundo a liberdade*) e, por fim, até mesmo sobre os princípios do *governo*, que acha salutar para si próprio tratar o homem, que agora é mais do que uma *máquina*, segundo a sua dignidade ([2]).

Königsberg, na Prússia, 30 de Setembro de 1784.

I. Kant

([2]) Na publicação semanal *Notícias de Büsching* de 13 de Setembro, leio hoje, dia 30 do mesmo mês, o anúncio da «Berlinischen Monatsschrift» deste mês, onde se inseriu a resposta do senhor Mendelssohn à mesma pergunta. Ainda não me chegou às mãos; de outro modo, teria retido a presente resposta que, agora, só pode encontrar-se aqui como tentativa de mostrar até que ponto o acaso originou uma coincidência dos pensamentos.

/ A 493, 494 – Nota / A 494

/ Ideia de uma história universal com um propósito cosmopolita ([3])

(1784)

Seja qual for o conceito que, também com um desígnio metafísico, se possa ter da *liberdade da vontade,* as suas *manifestações,* as acções humanas, são determinadas, bem como todos os outros eventos naturais, segundo as leis gerais da natureza. A história, que se ocupa da narração dessas manifestações, permite-nos no entanto esperar, por mais profundamente ocultas que se encontrem / as suas causas, que, se ela considerar *no seu conjunto* o jogo da liberdade da vontade humana, poderá nele descobrir um curso regular; e que assim o que, nos sujeitos singulares,

---

([3]) Uma passagem das pequenas notícias do número 12 do *Gothaischen gel. Zeit.* (Gazeta académica de Gotha) deste ano, que foi sem dúvida tirada da minha conversa com um douto companheiro de viagem, obriga-me a publicar este esclarecimento, sem o qual aquela não teria nenhum sentido compreensível.

se apresenta confuso e desordenado aos nossos olhos, se poderá no entanto conhecer, no conjunto da espécie, como um desenvolvimento contínuo, embora lento, das suas disposições originárias. Assim, os casamentos, os nascimentos deles derivados, e a morte, já que a livre vontade dos homens sobre aqueles tem tão grande influência, não parecem estar submetidos a regra alguma, segundo a qual seja possível determinar antecipadamente mediante um cálculo o número dos mesmos; e, no entanto, os quadros anuais dos grandes países mostram que eles têm lugar segundo leis naturais constantes, tal como as mudanças atmosféricas, cuja previsão não é possível determinar com antecedência em cada caso singular, mas no seu conjunto não deixam de manter num curso homogéneo e ininterrupto o crescimento das plantas, o fluxo das águas e outros arranjos naturais. Os homens singulares, e até povos inteiros, só em medida reduzida se dão conta de que, ao perseguirem cada qual o seu propósito de acordo com a sua disposição e, muitas vezes, em mútua oposição, seguem imperceptivelmente, como fio condutor, a intenção da natureza, deles desconhecida, e concorrem para o seu fomento, / o qual, se lhes fosse patente, sem dúvida lhes importaria pouco.

Visto que os homens, nos seus esforços, não procedem de modo puramente instintivo, como os animais, e também não como racionais cidadãos do mundo em conformidade com um plano combinado, parece-lhes que também não é possível construir uma história segundo um plano (como, por exemplo, acontece entre as abelhas ou os castores). Não é possível conter uma certa indignação quando se contempla a sua azáfama no grande palco do mundo; e não obstante a esporádica aparição da sabedoria em casos isolados, tudo, no entanto, se encontra finalmente, no conjunto, tecido de

/ A 386, 387

IDEIA DE UMA HISTÓRIA UNIVERSAL... | 21

loucura, vaidade infantil e, com muita frequência, também de infantil maldade e ânsia destruidora: pelo que, no fim de contas, não se sabe que conceito importará instituir para si acerca da nossa espécie, tão convencida da sua superioridade. Não há aqui outra saída para o filósofo, uma vez que não pode pressupor nenhum *propósito* racional *peculiar* nos homens e no seu jogo à escala global, senão inquirir se ele não poderá descobrir uma *intenção da natureza* no absurdo trajecto das coisas humanas, a partir da qual seja possível uma história de criaturas que procedem sem um plano próprio, mas, no entanto, em conformidade com um determinado plano da natureza. – Queremos ver se conseguimos encontrar um fio condutor para uma tal história; e queremos, em seguida, deixar ao cuidado da natureza a produção do homem / que esteja em condições de a conceber. Deste modo suscitou ela um *Kepler,* que submeteu inesperadamente as trajectórias excêntricas dos planetas a leis determinadas; e também um *Newton,* o qual explicou estas leis por uma causa natural geral.

Primeira proposição

Todas as disposições naturais de uma criatura estão determinadas a desenvolver-se alguma vez de um modo completo e apropriado. É o que comprova em todos os animais tanto a observação externa como a observação interna, ou analítica. Um órgão que não venha a ser utilizado, uma disposição que não atinja o seu fim é uma contradição na doutrina teleológica da natureza. Com efeito, se renunciarmos a esse princípio, já não temos uma natureza regular, mas sim uma natureza que actua sem finalidade; e o desolado «mais ou menos» vem ocupar o lugar do fio condutor da razão.

/ A 387, 388

A PAZ PERPÉTUA

Segunda proposição

No homem (como única criatura racional sobre a terra), as *disposições naturais que visam o uso da sua razão devem desenvolver--se integralmente só na espécie, e não no indivíduo.* A razão numa criatura é uma faculdade de ampliar as regras e intenções do / uso de todas as suas forças muito além do instinto natural, e não conhece limites alguns para os seus projectos. Não actua, porém, instintivamente, mas precisa de tentativas, de exercício e aprendizagem, para avançar de modo gradual de um estádio do conhecimento para outro. Pelo que cada homem teria de viver um tempo incomensuravelmente longo para aprender como deveria usar com perfeição todas as suas disposições naturais; ou, se a natureza estabeleceu apenas um breve prazo à sua vida, (como realmente acontece), ela necessita de uma série talvez incontável de gerações, das quais uma transmite à outra os seus conhecimentos para que, finalmente, o seu germe ínsito na nossa espécie alcance aquele estádio de desenvolvimento que é plenamente adequado à sua intenção. E esse momento, pelo menos na ideia do homem, deve ser a meta dos seus esforços porque, de outro modo, as disposições naturais deveriam na sua maior parte considerar-se como inúteis e sem finalidade; o que eliminaria todos os princípios práticos e, deste modo, a natureza, cuja sabedoria deve servir de princípio para julgar todas as restantes coisas, só no homem se tornaria suspeita de um jogo infantil.

Terceira proposição

A natureza quis que o homem tire totalmente de si tudo o que ultrapassa o arranjo mecânico / da sua existência animal, e que não participe de nenhuma outra felicidade ou perfeição excepto a que ele conseguiu para si mesmo, liberto do instinto, através da própria

/ A 388, 389, 390

IDEIA DE UMA HISTÓRIA UNIVERSAL... | 23

razão. A natureza nada faz em vão e não é perdulária no emprego dos meios para os seus fins. Visto que dotou o homem de razão e da liberdade da vontade que nela se funda, isso era já um indício claro da sua intenção no tocante ao seu equipamento. Ele não deveria ser dirigido pelo instinto ou ser objecto de cuidado e ensinado mediante conhecimentos adquiridos; deveria, pelo contrário, extrair tudo de si mesmo. A invenção do seu vestuário, da sua protecção, da sua segurança e defesa exteriores (para a qual ela não lhe deu nem os cornos do touro, nem as garras do leão, nem os dentes do cão, mas apenas as mãos), de todo o deleite que pode tornar a vida agradável, mesmo o seu discernimento e a sua subtileza, e até a bondade da sua vontade, deviam integralmente ser obra sua. Parece que a natureza se comprazeu aqui na sua máxima parcimónia e que mediu com tanta concisão o seu equipamento animal e de modo tão ajustado à máxima necessidade de uma existência incipiente como se quisesse que o homem, se alguma vez houvesse de passar da maior rudez à máxima destreza, à perfeição interna do seu / pensar e, assim (tanto quanto é possível na terra), à felicidade, fosse o único a disso ter o mérito e apenas a si estar agradecido; como se a ela importasse mais a sua *auto-estima* racional do que qualquer bem-estar. Com efeito, no curso dos afazeres humanos há todo um exército de dificuldades que aguardam o homem. Parece, pois, que à natureza não lhe interessava que ele vivesse bem, mas que se desenvolvesse até ao ponto de, pelo seu comportamento, se tornar digno da vida e do bem-estar. Causa sempre surpresa que as velhas gerações pareçam empenhar-se nas suas ocupações trabalhosas só em vista das futuras, para lhes preparar um estádio a partir do qual possam elevar ainda mais o edifício que a natureza tem como intento; e que só as últimas gerações terão a sorte de habitar na mansão em que uma longa série dos seus antepas-

/ A 390, 391

24 | A PAZ PERPÉTUA

sados (talvez, decerto, sem intenção sua) trabalhou, sem no entanto poderem partilhar da felicidade que prepararam. Mas se isto é assim tão enigmático, é ao mesmo tempo necessário, se alguma vez se supõe que uma espécie animal deve ter razão e, como classe de seres racionais, sujeitos à morte no seu conjunto, tem de chegar contudo à / perfeição do desenvolvimento das suas disposições.

Quarta proposição

O meio de que a natureza se serve para levar a cabo o desenvolvimento de todas as suas disposições é o antagonismo das mesmas na sociedade, na medida em que este se torna ultimamente causa de uma ordem legal dessas mesmas disposições. Entendo aqui por antagonismo a *sociabilidade insociável* dos homens, isto é, a sua tendência para entrarem em sociedade, tendência que, no entanto, está unida a uma resistência universal que ameaça dissolver constantemente a sociedade. Esta disposição reside manifestamente na natureza humana. O homem tem uma inclinação para entrar em sociedade, porque em semelhante estado se sente mais como homem, isto é, sente o desenvolvimento das suas disposições naturais. Mas tem também uma grande propensão a *isolar-se,* porque depara ao mesmo tempo em si com a propriedade insocial de querer dispor de tudo ao seu gosto e, por conseguinte, espera resistência de todos os lados, tal como sabe por si mesmo que, da sua parte, sente inclinação para exercitar a resistência contra os outros. Ora, é esta resistência que desperta todas as forças do homem e o induz a vencer a inclinação para a preguiça e, movido pela ânsia das honras, do poder ou da posse, / para obter uma posição entre os seus congéneres, que ele não pode *suportar,* mas de que também não pode *prescindir.* Surgem assim os primeiros passos verdadeiros da brutalidade para a cultura,

/ A 391, 392, 393

IDEIA DE UMA HISTÓRIA UNIVERSAL... | 25

que consiste propriamente no valor social do homem; assim se desenvolvem pouco a pouco todos os talentos, se forma o gosto e, através de uma ilustração continuada, o começo converte-se na fundação de um modo de pensar que, com o tempo, pode mudar a grosseira disposição natural em diferenciação moral relativa a princípios práticos determinados e, deste modo, metamorfosear também por fim uma consonância para formar sociedade, patologicamente provocada, num todo *moral*. Sem aquelas propriedades, em si decerto não dignas de apreço, da insociabilidade, de que promana a resistência com que cada qual deve deparar nas suas pretensões egoístas, todos os talentos ficariam para sempre ocultos no seu germe, numa arcádica vida de pastores, em perfeita harmonia, satisfação e amor recíproco: e os homens, tão bons como as ovelhas que eles apascentam, dificilmente proporcionariam a esta sua existência um valor maior do que o que tem este animal doméstico; não cumulariam o vazio da criação em vista do seu fim, como seres de natureza racional. Graças, pois, à Natureza pela incompatibilidade, pela vaidade invejosamente emuladora, pela ânsia insaciável de posses ou também do / mandar! Sem elas, todas as excelentes disposições naturais da humanidade dormitariam eternamente sem desabrochar. O homem quer concórdia; mas a natureza sabe melhor o que é bom para a sua espécie, e quer discórdia. Ele quer viver comodamente e na satisfação; a natureza, porém, quer que ele saia da indolência e da satisfação ociosa, que mergulhe no trabalho e nas contrariedades para, em contrapartida, encontrar também os meios de se livrar com sagacidade daquela situação. Os motivos naturais, as fontes da insociabilidade e da resistência geral, de que brotam tantos males, mas que impelem também, no entanto, repetidamente a novas tensões das forças, por conseguinte, a novos desenvolvimentos das disposições naturais, revelam de

/ A 393, 394

26 | A PAZ PERPÉTUA

igual modo o ordenamento de um sábio criador; e não, por exemplo, a mão de um espírito mau, que, por inveja, tenha estragado ou danificado a sua obra magnificente.

Quinta proposição

O maior problema do género humano, a cuja solução a Natureza o força, é a consecução de uma sociedade civil que administre o direito em geral. Como só na sociedade e, claro está, naquela que tem a máxima liberdade, por conseguinte, o antagonismo universal dos seus membros e, no entanto, possui a mais exacta determinação e segurança dos / limites de tal liberdade para que possa existir com a liberdade dos outros – como só nela se pode obter a mais elevada intenção da Natureza, posta na humanidade, a saber, o desenvolvimento de todas as suas disposições, a Natureza quer também que ela própria realize este seu fim, bem como todos os fins do seu destino: por isso, uma sociedade em que *a liberdade sob leis exteriores* se encontra unida no maior grau possível *com o* poder irresistível, isto é, uma *constituição civil* perfeitamente *justa,* que deve constituir para o género humano a mais elevada tarefa da Natureza; porque só mediante a solução e o cumprimento de semelhante tarefa pode a Natureza levar a cabo os seus restantes intentos relativos à nossa espécie. A necessidade é que constrange o homem, tão afeiçoado, aliás, à liberdade irrestrita, a entrar neste estado de coacção; e, claro está, a maior de todas as necessidades, a saber, aquela que reciprocamente se infligem os homens, cujas inclinações fazem que eles não mais possam viver uns ao lado dos outros em liberdade selvagem. Só dentro da cerca que é a constituição civil é que essas mesmas inclinações produzem o melhor resultado – tal como as árvores num bosque, justamente por cada qual procurar tirar à outra o ar e o sol,

/ A 394, 395

IDEIA DE UMA HISTÓRIA UNIVERSAL...   27

se forçam a buscá-los por cima de si mesmas e assim conseguem um belo porte, ao passo que as que se encontram em liberdade e entre si isoladas / estendem caprichosamente os seus ramos e crescem deformadas, tortas e retorcidas. Toda a cultura e toda a arte, que ornamentam a humanidade, e a mais bela ordem social são frutos da insociabilidade que por si mesma é forçada a disciplinar-se e, deste modo, a desenvolver por completo, mediante uma arte forçada, os germes da Natureza.

Sexta proposição

Este problema é ao mesmo tempo o mais difícil e o que mais tardiamente é resolvido pelo género humano. A dificuldade, que já a simples ideia desta tarefa põe diante dos olhos, é a seguinte: o homem é um *animal* que, quando vive entre os seus congéneres, *precisa de um senhor.* Com efeito, abusa certamente da sua liberdade em relação aos outros semelhantes; e embora, como criatura racional, deseje uma lei que ponha limites à liberdade de todos, a sua animal tendência egoísta desencaminha-o, no entanto, onde ele tem que renunciar a si mesmo. Necessita, pois, de um senhor que lhe quebrante a própria vontade e o force a obedecer a uma vontade universalmente válida, e possa no entanto ser livre. Mas onde vai ele buscar este senhor? A nenhures, a não ser no género humano. Mas tal senhor é igualmente um animal, que carece de um senhor. Pode, pois, proceder como quiser; não é, pois, de prever / como é que um chefe da justiça pública venha a conseguir tornar-se justo; quer ele se busque numa só pessoa singular ou numa sociedade de pessoas escolhidas para o efeito. Pois, cada uma abusará sempre da sua liberdade se não tiver acima de si ninguém que sobre ela exerça poder em conformidade com as leis.

/ A 395, 396, 397

28 | A PAZ PERPÉTUA

O chefe supremo, porém, deve ser *justo por si mesmo* e, não obstante, ser *homem*. Por conseguinte, é a mais difícil de todas as tarefas; mais ainda, a sua solução perfeita é impossível: de um lenho tão retorcido, de que o homem é feito, nada de inteiramente direito se pode fazer. Apenas a aproximação a esta ideia nos é imposta pela Natureza ([4]). Que ela é também a derradeira a estruturar-se em obra depreende-se do facto de que os conceitos correctos sobre a natureza de uma constituição possível exigem uma experiência muito grande exercitada pelo frequente curso do mundo e, acima de tudo, uma *boa vontade* disposta / a aceitá-la; e estes três factores só com muita dificuldade podem harmonizar-se e, se acontece, só muito tarde, após muitas tentativas inúteis.

Sétima proposição

O problema da instituição de uma constituição civil perfeita depende, por sua vez, do problema de uma relação externa legal entre os Estados e não pode resolver-se sem esta última. De que serve trabalhar por uma constituição civil legal entre os indivíduos, isto é, pelo estabelecimento de uma *comunidade?* A mesma insociabilidade, que obrigou os homens a estabelecer tal comunidade, é de novo a causa por que cada comunidade se encontre numa relação exterior, isto é, como Estado em relação a outros Estados, numa liberdade irrestrita e, por

---

([4]) O papel dos homens é, pois, muito delicado. Não sabemos qual é a constituição dos habitantes dos outros planetas e qual a sua índole; mas se cumpríssemos bem esta missão da Natureza, poderíamos gloriar-nos de ocupar, entre os nossos vizinhos do edifício cósmico, um posto não pequeno. Talvez entre eles cada indivíduo consiga atingir plenamente o seu destino durante a sua vida. Connosco, as coisas passam-se de modo diverso; apenas a espécie pode aspirar a isso.

/ A 397, 398 – Nota / A 397

IDEIA DE UMA HISTÓRIA UNIVERSAL... | 29

conseguinte, cada um deve esperar do outro os males que pressionaram e constrangeram os homens singulares a entrar num estado civil legal.

Por conseguinte, a Natureza utilizou uma vez mais a incompatibilidade dos homens, e até das grandes sociedades e corpos estatais que formam estas criaturas, como meio para encontrar no seu inevitável *antagonismo* um estado de tranquilidade e segurança; isto é, por meio das guerras, do armamento excessivo e jamais / afrouxado em vista das mesmas, da necessidade que, por fim, cada Estado deve por isso sentir internamente até em tempo de paz, a Natureza compele-os, primeiro, a tentativas imperfeitas e, finalmente, após muitas devastações, naufrágios e até esgotamento interno geral das suas forças, ao intento que a razão lhes podia ter inspirado, mesmo sem tantas e tão tristes experiências, a saber: sair do estado sem leis dos selvagens e ingressar numa liga de povos, onde cada Estado, inclusive o mais pequeno, poderia aguardar a sua segurança e o seu direito, não do seu próprio poder ou da própria decisão jurídica, mas apenas dessa grande federação de nações *(Foedus Amphictyonum),* de uma potência unificada e da decisão segundo leis da vontade unida. Embora esta ideia pareça ser fantasiosa e tenha sido objecto de escárnio num *Abbé de St. Pierre* ou num *Rousseau* (talvez porque acreditaram na sua iminente realização), nem por isso deixa de ser a inevitável saída da necessidade em que os homens se colocam reciprocamente, que deve forçar os Estados à decisão (por muito duro que lhes seja consentir), à qual também o homem selvagem se viu de malgrado compelido, a saber: renunciar à sua liberdade brutal e buscar e tranquilidade e a segurança numa constituição legal. – Todas as guerras são, pois, outras tantas tentativas (não certamente na intenção dos homens, mas sim no / propósito da Natureza) de suscitar novas relações entre os Estados e, mediante a destruição, pelo menos,

---

/ A 397, 398, 399

30 | A PAZ PERPÉTUA

o fraccionamento de todos (*), formar novos corpos, que, por seu turno, também não podem manter-se em si mesmos ou junto dos outros e, por consequência, devem sofrer novas revoluções análogas; até que, por fim, em parte pelo melhor ordenamento possível da constituição civil no plano interno, em parte por um acordo e legislação comuns no campo exterior, se erija um Estado que, semelhante a uma comunidade civil, se possa manter a si mesmo como um *autómato*.

Ora, dever-se-á esperar de uma convergência *epicurista* das causas eficientes que os Estados, à maneira dos pequenos átomos de matéria, mediante os choques acidentais, tentem todo o tipo de formações, as quais igualmente serão destruídas por meio de um novo choque, até que finalmente, e *por acaso*, se consiga uma formação tal que possa manter-se na sua forma (um golpe de sorte, que só com muita dificuldade alguma vez se dá!); ou, pelo contrário, dever-se-á supor que a Natureza persegue aqui um curso regular – conduzir gradualmente a nossa espécie desde o estádio inferior da animalidade até ao nível máximo da humanidade – e, claro está, em virtude de uma arte, se bem que imposta, própria dos homens, e desenvolve neste ordenamento aparentemente selvagem as disposições originárias de um modo inteiramente regular; ou, se se preferir, supor que de todas / as acções e reacções dos homens no seu conjunto não provém nada que permaneça ou, pelo menos, nada que seja sagaz, que as coisas permanecerão como desde sempre têm sido e, por conseguinte, não se pode predizer se a dissensão, tão congénita à nossa espécie, não acabará por nos preparar, num estado assim tão civilizado, um inferno de males, porque talvez venha a destruir esse mesmo estado e todos os progressos realizados na cultura (destino que não se pode enfrentar sob

---

(*) Edição da Academia: «dos velhos».

/ A 399, 400

IDEIA DE UMA HISTÓRIA UNIVERSAL... | 31

o governo do acaso cego, com o qual se identifica de facto a liberdade sem lei, a não ser que se lhe ponha por baixo um fio condutor da Natureza secretamente ligado à sabedoria!)? A questão posta reduz-se mais ou menos à seguinte: será razoável supor a *finalidade* da natureza nas suas partes e, no entanto, *não* a admitir no seu conjunto? Portanto, o que o estado selvagem sem finalidade fez, a saber, reprimir todas as disposições naturais da nossa espécie, mas que por fim, em virtude dos males que lhe trouxe, a forçou a sair de tal estado e a ingressar numa constituição civil, na qual se pudessem desenvolver todos aqueles germes, também o efectua a liberdade bárbara dos Estados já fundados, a saber: que, mediante o emprego de todas as forças da comunidade em armamentos contra os outros, por meio das devastações que a guerra prepara e, mais / ainda, em virtude da necessidade de para ela se manterem permanentemente preparados, se impede o pleno desabrochamento das disposições naturais no seu avanço; em contrapartida, porém, também os males daí provenientes constrangem a nossa espécie a encontrar na resistência mútua dos diversos Estados, saudável em si e nascida da sua liberdade, uma lei de equilíbrio e um poder unificado que lhe dá força; por conseguinte, a introduzir um estado civil mundial de pública segurança estatal, que não é desprovido de *perigos,* a fim de as forças da humanidade não dormitarem, mas que também não existe sem um princípio da *igualdade* das suas recíprocas *acções* e *reacções,* a fim de não se destruírem entre si. Antes de ocorrer este último passo (a saber, a liga de Estados), portanto, quase só a meio da sua formação, a natureza humana padece os piores males sob a aparência enganosa do bem-estar exterior; e *Rousseau* não estava enganado ao preferir o estado dos selvagens, se se deixar de lado o último estádio que a nossa espécie tem ainda de subir. Estamos *cultivados* em alto grau pela arte e

/ A 400, 401

32 | A PAZ PERPÉTUA

pela ciência. Somos *civilizados* até ao excesso, em toda a classe de maneiras e na respeitabilidade sociais. Mas falta ainda muito para nos considerarmos já *moralizados*. Com efeito, a ideia da moralidade faz ainda parte da / cultura; mas o uso desta ideia, que se restringe apenas aos costumes no amor matrimonial e na decência externa, constitui simplesmente a civilização. Enquanto, porém, os Estados empregarem todas as suas forças nos seus vãos e violentos propósitos de expansão, impedindo assim sem cessar o lento esforço da formação interior do modo de pensar dos seus cidadãos, subtraindo-lhes também todo o apoio em semelhante intento, nada há a esperar nesta esfera; pois requer-se uma longa preparação interior de cada comunidade para a formação [*Bildung*] dos seus cidadãos. Mas todo o bem, que não está imbuído de uma disposição de ânimo [*Gesinnung*] moralmente boa, nada mais é do que pura aparência e penúria coruscante. Nesta situação permanecerá, sem dúvida, o género humano até sair, do modo como eu referi, do estado caótico das suas relações estatais.

Oitava proposição

Pode considerar-se a história humana no seu conjunto como a execução de um plano oculto da Natureza, a fim de levar a cabo uma constituição estatal interiormente perfeita e, com este fim, também perfeita externamente, como o único estado em que aquela pode desenvolver integralmente todas as suas disposições na humanidade. / A proposição é uma consequência da anterior. Vê-se que a filosofia também pode ter o seu *quiliasmo;* mas será um quiliasmo tal que, para a sua emergência, a sua ideia pode, embora apenas de longe, ser igualmente estimulante, portanto, de nenhum modo fantasiosa. O que importa apenas é se a experiência nos descobre algo de um tal curso do propósito da Natureza. Digo: *muito pouco;* com efeito, esta

/ A 401, 402, 403

IDEIA DE UMA HISTÓRIA UNIVERSAL... | 33

trajectória circular parece exigir um tempo tão longo antes de se fechar que, desde a pequena parte que a humanidade percorreu nesta intenção, só com igual incerteza se pode determinar a forma do seu curso e a relação das partes com o todo, como se de todas as observações celestes até agora feitas procurássemos traçar o curso que o Sol segue com todo o exército dos seus satélites, no grande sistema das estrelas fixas; embora, porém, a partir do fundamento geral da constituição sistemática da estrutura do universo e também do pouco que se observou, possamos concluir com suficiente segurança a realidade de uma tal órbita. Contudo, a natureza humana implica não ser indiferente em relação à mais remota época, que deve concernir à nossa espécie, se ela se pode esperar com segurança. No nosso caso, isso pode acontecer com muito menos probabilidade, pois parece que, mediante a nossa própria organização racional, nos seria possível apressar esse / momento tão ditoso para a nossa posteridade. Por isso, são muito importantes até mesmo os débeis indícios da sua aproximação. Os Estados encontram-se já agora entre si numa relação tão artificial que nenhum pode reduzir a sua cultura interna sem perder poder e influência a favor dos outros; portanto, os intentos de glória dos Estados asseguram consideravelmente, se não o progresso, pelo menos a manutenção desse fim da Natureza. Além disso, a liberdade civil também não pode agora ser muito afectada sem que se sinta assim a sua desvantagem em todos os ofícios, sobretudo no comércio e, deste modo, igualmente a diminuição das forças do Estado nas relações externas. Mas tal liberdade vai aumentando gradualmente. Quando ao cidadão se impede a busca do bem-estar na forma que bem lhe parecer, mas compatível com a liberdade dos outros, restringe-se a vivacidade do tráfico geral e deste modo, mais uma vez, as forças do todo. Por conseguinte, remove-se sempre mais a restrição

/ A 403, 404

pessoal na sua acção e omissão, concede-se a universal liberdade de religião; e surge assim gradualmente, com devaneios e delírios sub-reptícios, a *Ilustração*, como um grande bem que o género humano deve preferir ao propósito egoísta de expansão dos seus governantes, se chegar simplesmente a compreender o seu próprio benefício. Mas esta / ilustração, e com ela também uma certa participação cordial no bem que o homem ilustrado, que o compreende perfeitamente, não pode evitar, deve subir pouco a pouco até aos tronos e influenciar mesmo os seus princípios de governo. Embora, por exemplo, os governantes do mundo não disponham de dinheiro algum para estabelecimentos públicos de ensino e, em geral, para tudo o que visa a melhoria do mundo, pois já se contabilizou previamente na sua totalidade para a futura guerra, encontrarão contudo a sua própria vantagem em pelo menos não impedir os esforços, decerto débeis e lentos, que os seus povos fazem neste campo. Finalmente, a própria guerra se tornará pouco a pouco não só um empreendimento artificioso, incerto quanto ao desenlace para ambos os lados, mas também em virtude das consequências dolorosas que o Estado sente na sempre crescente dívida (uma nova invenção), cuja amortização é imprevisível; ademais, a influência que cada perturbação de um Estado tem sobre todos os outros, no nosso mundo tão concatenado pelos negócios, é tão manifesta que eles, pressionados pelo seu próprio perigo, se oferecem, embora sem competência legal, para árbitros, preparando-se assim de longe para um futuro grande corpo político, de que o mundo precedente não pode ostentar exemplo algum. Embora este corpo político se encontre agora apenas ainda num projecto grosseiro, começa, no entanto, / por assim dizer a suscitar já um sentimento em todos os membros, interessados na manutenção do todo; isso alenta a esperança de que, após muitas revoluções transformadoras, virá por fim a realizar-se o

---

/ A 404, 405, 406

IDEIA DE UMA HISTÓRIA UNIVERSAL... | 35

que a Natureza apresenta como propósito supremo: um Estado de *cidadania mundial* como o seio em que se desenvolverão todas as disposições originárias do género humano.

Nona proposição

Um ensaio filosófico que procure elaborar toda a história mundial segundo um plano da Natureza, em vista da perfeita associação civil no género humano, deve considerar-se não só como possível, mas também como fomentando esse propósito da Natureza. É decerto um anúncio estranho e, quanto à aparência, incongruente querer conceber uma *história* segundo uma ideia de como deveria ser o curso do mundo, se houvesse de ajustar-se a certos fins racionais; parece que, num tal intento, apenas poderia vir à luz uma *novela*. Mas se, por suposição, a Natureza, mesmo no jogo da liberdade humana, não procede sem plano e meta final, semelhante ideia poderia ser muito útil; e embora sejamos míopes para divisarmos o / mecanismo secreto do seu dispositivo, essa ideia poderia, no entanto, servir-nos de fio condutor para representar como *sistema*, pelo menos em conjunto, o *agregado,* aliás sem plano, das acções humanas. Com efeito, se partirmos da história *grega* – como aquela pela qual se nos conservou ou, pelo menos, se deve autenticar toda a outra história mais antiga ou coetânea ([5]) –; se seguirmos a

---

([5]) Só um *público ilustrado,* que perdurou desde o começo até nós sem interrupção, pode autenticar a história antiga. Para lá dele, tudo é terra incognita; e a história dos povos, que viveram fora do seu âmbito, pode começar só a partir do momento em que entram precisamente nesse círculo. Isto aconteceu com o povo *judeu* no tempo dos Ptolomeus, mediante a tradução grega da Bíblia, sem a qual se teria atribuído pouco crédito às suas notícias *dispersas.* Desde então (se tal começo se identificou convenientemente), podem seguir-se daí em diante os seus relatos. A primeira página de *Tucídides* (diz *Hume)* é o único começo de toda a verdadeira história.

/ A 406, 407 – Nota / A 407

36 | A PAZ PERPÉTUA

sua influência na formação e desintegração do corpo político do povo *romano,* que absorveu o Estado grego, e a influência daquele sobre os *bárbaros* que, por seu turno, destruíram o Estado romano, e assim sucessivamente até aos nossos dias; se, além disso, acrescentarmos *episodicamente* / a história política dos outros povos, cujo conhecimento chegou pouco a pouco até nós por intermédio dessas nações ilustradas: descobrir-se-á um curso regular da melhoria da constituição estatal na nossa parte do mundo (que, provavelmente, algum dia dará leis a todas as outras). Se, ademais, se prestar atenção apenas à constituição civil e às suas leis, às relações estatais, na medida em que pelo bem que continham serviram durante algum tempo para elevar e dignificar os povos (e com eles também as artes e as ciências), e na medida em que pelas deficiências, que lhes eram inerentes, de novo os rebaixaram, mas de maneira a ter restado sempre um germe de ilustração, o qual, avivado por cada revolução, preparava um ulterior estádio mais elevado de melhoramento: descobrir-se-á, creio eu, um fio condutor, que não só pode servir para a explicação do jogo tão emaranhado das coisas humanas, ou para a arte política de predição de futuras mudanças políticas (utilidade que já se tirou da história dos homens, apesar de ela se ter considerado como resultado desconexo de uma liberdade sem regras!), mas também (o que não se pode esperar com fundamento, sem pressupor um plano da Natureza) se pode abrir uma vista consoladora do futuro, na qual o género humano se representa ao longe como atingindo finalmente o estado em que todos os germes, que / a Natureza nele pôs, se podem desenvolver plenamente e o seu destino cumprir-se aqui na Terra. Semelhante *justificação* da Natureza – ou melhor, da *Providência* – não é nenhum motivo irrelevante para escolher um determinado ponto de vista da consideração do mundo. Pois, de que serve exaltar a magnificência e a sabedoria da

/ A 407, 408, 409

IDEIA DE UMA HISTÓRIA UNIVERSAL... | 37

criação no reino natural irracional e recomendar o seu estudo, se a parte que contém o fim de todo o grande teatro da sabedoria suprema – a história do género humano – continua a ser uma objecção incessante, cuja visão nos força a desviar os olhos com desagrado e, porque desesperamos de alguma vez nela encontrar uma integral intenção racional, nos induz a esperá-la apenas num outro mundo?

Seria uma falsa interpretação do meu propósito crer que, com a ideia de uma história universal, que tem em certo sentido um fio condutor *a priori*, pretendi rejeitar a elaboração de uma história concebida de um modo simplesmente *empírico;* constitui apenas um pensamento acerca do que uma cabeça filosófica (que, de resto, deve estar muito informada no plano histórico) poderia investigar ainda a partir de um outro ponto de vista. Além disso, a riqueza de pormenores, aliás, famosa, com que agora se elabora a história da sua época, levará cada qual naturalmente a considerar / com precaução como conseguirá a nossa ulterior descendência carregar com o peso da história que lhe vamos deixando, ao longo dos séculos. Sem dúvida, apreciará as épocas mais antigas, cujos documentos já há muito terão desaparecido, somente a partir do ponto de vista do que lhe interessa, a saber, o que os povos e os governos fizeram ou não com um propósito cosmopolita. Mas tomar isto em consideração, juntamente com a ânsia de glória dos chefes de Estado e dos seus servidores, para os encaminhar em direcção ao único meio que lhes pode assegurar a recordação gloriosa no tempo futuro, pode proporcionar-nos ainda um *pequeno* motivo para intentar semelhante história filosófica.

/ A 409, 410

/ Que significa orientar-se no pensamento?

(1786)

Por mais alto que elevemos os nossos conceitos e, além disso, por mais que abstraiamos da sensibilidade, estão-lhes, no entanto, sempre ligadas representações *da imaginação*, cuja determinação peculiar é torná-los – a eles que não são derivados da experiência – aptos para *o uso na experiência.* Pois, como quereríamos nós dar também sentido e significação aos nossos conceitos, se não lhes estivesse subjacente uma intuição (que, afinal, deve ser sempre um exemplo tirado de qualquer experiência possível)? Se, em seguida, omitimos da acção concreta do entendimento a mistura da imagem, em primeiro lugar, da percepção contingente pelos sentidos, em seguida, até mesmo a pura intuição sensível em geral, resta o puro conceito do entendimento, cujo âmbito está agora alargado e contém uma regra do pensamento em geral. Deste modo se constituiu a própria lógica geral; e no uso empírico do nosso entendimento e da razão talvez residam

/ A 304

40 | A PAZ PERPÉTUA

ainda ocultos muitos métodos heurísticos de pensar que, se soubéssemos como os extrair cuidadosamente da experiência, poderiam / enriquecer a filosofia com muitas máximas úteis, mesmo no pensamento abstracto.

Desta espécie é o princípio que, tanto quanto sei, admitiu expressamente o falecido *Mendelssohn,* apenas nos seus últimos escritos *(Morgenstuden,* pp. 165-166, e *Carta aos Amigos de Lessing,* pp. 33 e 67); a saber, a máxima da necessidade de se *orientar,* no uso especulativo da razão (em que ele, aliás, quanto ao conhecimento dos objectos supra-sensíveis, confiava muito, até à evidência da demonstração), mediante um certo meio de direcção, que ele chamava, ora o *senso comum (Morgenstuden),* ora a *sã razão,* ora o *simples entendimento humano (Aos Amigos de Lessing).*

Quem teria podido pensar que esta confissão haveria de ser tão nociva, não só à sua benéfica opinião acerca do poder do uso *especulativo* da razão nas coisas da teologia (o que efectivamente era inevitável), mas que também a sã razão comum, na ambiguidade em que ele deixou o exercício desta faculdade em oposição à especulação, estaria em perigo de servir de princípio para o entusiasmo fantasista e o total destronamento da razão? E, contudo, isto aconteceu na disputa entre *Mendelssohn* e *Jacobi,* sobretudo pelas conclusões não triviais do arguto / autor dos *Resultados* ([6]). Como não quero atribuir a nenhum dos dois a intenção de porem a circular um tão nocivo modo de pensar, considerarei de preferência o empreendimento do último como um *argumentum ad hominem,* de que é legítimo servir-se como simples arma de defesa

---

([6]) Jacobi, *Briefe über die Lehre des Spinoza.* Breslau, 1785. Jacobi, *Wider Mendelssohns Beschuldigung, betreffend die Briefe über die Lehre des Spinoza,* Lípsia, 1786. – *Die Resultate der jacobischen und Mendelssohnschen Philosophie, Kristisch untersucht von einem Frewilligen. Ibidem.*

/ A 304, 305, 306 – Nota / A 306

QUE SIGNIFICA ORIENTAR-SE NO PENSAMENTO? | 41

para utilizar os pontos fracos que o adversário fornece em sua própria desvantagem. Por outro lado, mostrarei que, de facto, *somente* a razão, e não um pretenso e misterioso sentido da verdade, nenhuma intuição esfuziante sob o nome de fé, na qual se possam enxertar a tradição ou a revelação, sem a consonância da razão, mas, como firmemente e com justo fervor asseverou *Mendelssohn,* apenas a autêntica e pura razão humana é que se afigura necessária e recomendável para servir de orientação; no entanto, a elevada pretensão do seu poder especulativo, sobretudo o seu aspecto puramente imperativo (por demonstração), deve certamente rejeitar-se e, na medida em que é especulativa, nada mais se lhe deve deixar do que a função de purificar o conceito da razão comum das contradições e de defender / as máximas de uma sã razão contra os seus próprios ataques sofísticos. – O conceito alargado e mais exactamente determinado do *orientar-se* pode auxiliar-nos a expor com clareza a máxima da sã razão, nas suas adaptações ao conhecimento dos objectos supra-sensíveis.

Orientar-se, no genuíno significado da palavra, quer dizer: a partir de uma dada região cósmica (uma das quatro em que dividimos o horizonte) encontrar as restantes, a saber, o *ponto inicial.* Se vejo o sol no céu e sei que agora é meio-dia, sei encontrar o sul, o oeste, o norte e o oriente. Mas para esse fim, preciso do sentimento de uma diferença quanto ao meu próprio *sujeito,* a saber, a diferença entre a direita e a esquerda. Dou-lhe o nome de *sentimento* porque, exteriormente, estes dois lados não apresentam na intuição nenhuma diferença notável. Sem tal faculdade, ao traçar um círculo, sem a ele referir qualquer diferença dos objectos, mas distinguindo, no entanto, o movimento que vai da esquerda para a direita do que se faz em sentido oposto e determinando deste modo, *a priori,* uma diferença na posição dos objectos,

/ A 306, 307

eu não saberia se devia colocar o ocidente à direita ou à esquerda do ponto sul do horizonte e, por conseguinte, deveria completar o círculo através do norte e do oriente até chegar de novo ao sul. / Por conseguinte, oriento-me *geograficamente* em todos os dados objectivos do céu só por meio de um princípio *subjectivo* de diferenciação; e se um dia, por milagre, todas as constelações conservassem, umas em relação às outras, a mesma configuração e a mesma posição, mas apenas a direcção delas, que antes era oriental, se tornasse agora ocidental, nenhum olho humano perceberia, na noite estrelada seguinte, a menor alteração, e mesmo o astrónomo, se só prestasse atenção ao que diz e não simultaneamente ao que sente, se sentiria inevitavelmente *desorientado*. Em seu auxílio, porém, e de modo muito natural, surge a faculdade diferenciadora estabelecida pela natureza, mas tornada habitual pelo exercício frequente, mediante o sentimento da direita e da esquerda; e se fixar os olhos na Estrela Polar, não só notará a modificação ocorrida, mas também poderá *orientar-se*, não obstante tal modificação.

Posso, pois, alargar o conceito geográfico do processo de se orientar e entender por ele o seguinte: orientar-se em geral num espaço dado, por conseguinte, *de um modo puramente matemático*. Oriento-me às escuras num quarto que me é conhecido quando consigo agarrar um único objecto, cujo lugar tenho na memória. Mas aqui, evidentemente, nada me ajuda, a não ser o poder de determinação das posições segundo um princípio de diferenciação / *subjectiva*, pois não vejo os objectos, cujo lugar devo encontrar; e se alguém, por brincadeira, tivesse posto todos os objectos na mesma ordem, uns em relação aos outros, mas colocasse à esquerda o que antes estava à direita, eu não poderia encontrar-me num quarto em que todas as paredes fossem inteiramente iguais. Mas orientar-me-ia logo a seguir pelo simples sentimento de

/ A 307, 308, 309

QUE SIGNIFICA ORIENTAR-SE NO PENSAMENTO? | 43

uma diferença entre os meus dois lados, o direito e o esquerdo. É o que justamente acontece quando, à noite, tenho de caminhar e de tomar a direcção correcta em ruas que me são conhecidas, mas nas quais não distingo agora casa alguma. Por fim, posso ainda alargar mais este conceito, porque não consistiria então apenas na capacidade de se orientar no espaço, isto é, matematicamente, mas em geral, *no pensamento,* isto é, *logicamente.* Sem custo se pode adivinhar, por analogia, que isto deveria ser uma tarefa da razão pura, dirigir o seu uso, quando, ao partir de objectos conhecidos (da experiência), quiser alargar-se para lá de todos os limites da experiência, e não encontra nenhum objecto da intuição, mas apenas espaço para a mesma; pois, a razão na determinação da sua própria faculdade de julgar já não está então em condições de submeter os seus juízos a uma máxima determinada ([7]) em conformidade com princípios objectivos do conhecimento, mas apenas de acordo com um princípio subjectivo de diferenciação. / Este meio subjectivo, que então ainda lhe resta, é apenas o sentimento da *necessidade* [*Bedürfnis*] própria da razão. É possível assegurar-se contra todos os erros, se não nos aventurarmos a julgar, quando não se sabe o que é exigido para um juízo determinado. Pelo que a ignorância em si mesma é, sem dúvida, a causa dos limites, mas não dos erros, no nosso conhecimento. Mas quando não é tão arbitrário querer ou não julgar sobre algo de um modo determinado, quando uma necessidade real e, de facto, em si mesma inerente à razão torna necessário o juízo e, no entanto, a carência do saber nos limita em relação aos elementos requeridos para o juízo, então, torna-se necessária uma máxima segundo a qual

---

([7]) *Orientar-se* no pensamento em geral significa, pois: em virtude da insuficiência dos princípios objectivos da razão, determinar-se no assentimento segundo um princípio subjectivo da mesma razão.

/ A 309, 310 – Nota / A 309

44 | A PAZ PERPÉTUA

pronunciamos o nosso juízo; pois a razão quer ser pacificada. Se, pois, já previamente se decidiu que aqui não pode haver nenhuma intuição de objectos [*Objekte*], nem sequer de algo a eles semelhante, pela qual pudéssemos representar com os nossos conceitos alargados o objecto [*Gegenstand*] que lhes é adequado, garantindo assim a sua real possibilidade, nada mais nos resta fazer do que, / em primeiro lugar, examinar o conceito com o qual queremos aventurar-nos para além de toda a experiência possível e ver se também ele está isento de contradições; e, em seguida, submeter *a relação* do objecto com os objectos da experiência aos conceitos puros do entendimento; deste modo, não damos ainda ao objecto um carácter sensível, mas pensamos algo de supra-sensível, pelo menos, útil para o uso empírico da nossa razão. Com efeito, sem esta precaução, não poderíamos fazer uso algum de um tal conceito, mas, em vez de pensar, sucumbiríamos ao devaneio.

Só que, mediante o simples conceito, nada ainda se conseguiu em relação à existência deste objecto e da sua efectiva religação com o mundo (a totalidade de todos os objectos da experiência possível). Surge aqui, porém, *o direito da necessidade* da razão, como fundamento subjectivo, para pressupor e admitir algo que ela, com fundamentos objectivos, não pode pretender saber; e, por conseguinte, para se *orientar* no pensamento apenas pela sua própria necessidade, no incomensurável espaço do supra-sensível, para nós todo nimbado de uma densa noite.

É possível pensar muitas coisas supra-sensíveis (pois os objectos dos sentidos não cumulam o campo inteiro de toda a possibilidade), onde, no entanto, a razão não sente necessidade alguma de até elas / se estender e, muito menos, de assumir a sua existência. A razão encontra nas causas do mundo, que se manifestam aos sentidos (ou, pelo menos,

/ A 310, 311, 312

QUE SIGNIFICA ORIENTAR-SE NO PENSAMENTO? | 45

são da mesma espécie das que se lhes revelam), ocupação bastante para ainda com tal fim ter precisão de puros seres espirituais da natureza; a sua aceitação seria, pelo contrário, desvantajosa ao seu uso. Com efeito, visto que nada sabemos das leis segundo as quais tais seres podem actuar, mas sabemos muito dos outros, isto é, dos objectos dos sentidos que, pelo menos, podemos ainda esperar deles ter experiência: assim, mediante tal pressuposto, causar-se-ia antes dano ao uso da razão. Não há, pois, nenhuma necessidade, pelo contrário, é simples bisbilhotice que a nada mais conduz senão ao devaneio, investigar tais coisas ou divertir-se com fantasmagorias desta espécie. Algo de inteiramente diverso é ocupar-se do conceito de um primeiro *ser primordial* como inteligência suprema e, ao mesmo tempo, como sumo bem. Pois, não só a nossa razão sente já uma necessidade de pôr o *conceito* do ilimitado como fundamento do conceito ([8]) de tudo o que é limitado, por conseguinte, de todas as outras coisas, / mas semelhante necessidade incide também no pressuposto

---

([8]) Visto que a razão precisa, em relação à possibilidade de todas as coisas, de supor a realidade como dada, e considera a diversidade das coisas unicamente como limites provenientes das negações que lhe são inerentes, vê-se forçada a pôr como fundamento uma possibilidade única, / a saber, a do ser ilimitado como originário e a considerar todos os outros como derivados. Uma vez que, também, a possibilidade geral de uma coisa qualquer se deve encontrar essencialmente na totalidade da existência, pois pelo menos o princípio da determinação geral só assim torna viável a diferença entre o possível e o real da nossa razão, encontramos deste modo um motivo subjectivo da necessidade, isto é, uma exigência da nossa própria razão, de estabelecer como fundamento de toda a possibilidade a existência de um ser (supremo) absolutamente real. É deste modo que surge a prova *cartesiana* da existência de Deus.

Ao sustentarem-se como se fossem objectivos princípios subjectivos, a fim de pressupor algo para o uso da razão (que, no fundo, permanece sempre apenas um uso empírico), admite-se, por conseguinte, uma *necessidade* em lugar do *discernimento*. É o que acontece com esta e também

---

/ A 312, 313 – Nota / A 312, 313

46 | A PAZ PERPÉTUA

da existência do mesmo conceito, sem o qual não se pode fornecer nenhuma razão satisfatória da / contingência da existência das coisas no mundo, e menos ainda da finalidade e da ordem que, por toda a parte, se encontra em grau tão admirável (no pequeno, porque está próximo de nós, ainda mais do que no que é grande). Sem admitir um criador inteligente, é impossível, sem cair em puros absurdos, aduzir ao menos um fundamento *inteligente* dessas coisas; e, embora não possamos demonstrar a impossibilidade de uma tal finalidade sem uma primeira *causa* primordial *inteligente* (pois então teríamos razões objectivas suficientes desta afirmação e não precisaríamos de apelar para razões / subjectivas), permanece assim, no entanto, nesta carência de discerni-

---

com todas as provas do digno *Mendelssohn,* nas suas *Morgenstuden.* Em nada contribuem para uma demonstração, mas nem por isso são absolutamente inúteis. Não mencionando, pois, a excelente oportunidade que estes desenvolvimentos, extremamente sagazes, das condições subjectivas do uso da nossa razão proporcionam ao pleno conhecimento desta nossa faculdade, são nesse sentido exemplos duradoiros: assim o assentimento em virtude de motivos subjectivos do uso da razão, quando nos faltam os objectivos e somos, no entanto, compelidos a julgar, é sempre ainda de grande importância. Só não devemos é fazer passar por *livre discernimento* o que unicamente é uma *suposição* imperativa, para não expormos sem necessidade ao adversário, com o qual nos embrenhámos em *dogmatizações,* fraquezas / de que ele se pode servir para desvantagem nossa. Mendelssohn não pensava, certamente, que *o dogmatizar* com a razão pura no campo do supra-sensível fosse o caminho directo para o devaneio filosófico e que apenas a crítica da mesma faculdade da razão a poderia curar de raiz de tal mal. A disciplina do método escolástico (por exemplo, o de Wolff que ele, por isso, também recomendava), visto que todos os conceitos se devem determinar por definições e todos os passos se devem justificar mediante princípios, pode sem dúvida impedir por algum tempo semelhante dano, mas de nenhum modo o pode totalmente prevenir. Com efeito, com que direito se quer obstar à razão a ir ainda mais longe no campo onde, segundo a sua própria confissão, tão bem sucedida foi? E onde estão, pois, os limites perante os quais se deve deter?

/ A 313, 314, 315 – Nota / A 313, 314

QUE SIGNIFICA ORIENTAR-SE NO PENSAMENTO? | 47

mento, uma razão subjectiva suficiente para *admitir* a causa originária em virtude de a razão *necessitar* de pressupor algo que lhe é inteligível para, a partir dele, explicar o fenómeno dado, já que tudo aquilo a que ela pode ligar um conceito não socorre semelhante necessidade.

Mas a necessidade da razão pode considerar-se de duas maneiras: *primeiro,* no seu uso *teórico* e, *em segundo lugar,* no seu uso *prático.* Acabei justamente de mencionar a primeira necessidade; mas vê-se bem que ela é somente condicional, isto é, devemos admitir a existência de Deus se quisermos julgar as causas primeiras de tudo o que é contingente, sobretudo na ordem dos fins realmente estabelecidos no mundo. Muito mais importante é a necessidade da razão no seu uso prático, porque é incondicionada e somos forçados então a pressupor a existência de Deus, não apenas se *queremos* julgar, mas porque *devemos julgar.* O puro uso prático da razão consiste na prescrição das leis morais. Mas todas elas conduzem à ideia do *sumo bem,* que é possível no mundo, a saber, *a moralidade,* na medida em que apenas é possível pela *liberdade;* por outro lado, as leis morais referem-se também ao que não depende simplesmente da liberdade humana, mas também da *natureza,* a saber, a máxima *beatitude,* na medida em que está dividida / em proporção da primeira. A razão necessita, pois, de admitir um tal bem supremo *dependente* e, em vista disso, uma inteligência suprema como sumo bem *independente:* não é, claro está, para daí derivar o aspecto obrigatório das leis morais ou os motivos para o seu cumprimento (não teriam então valor moral algum, se o seu móbil dimanasse de algo diferente da própria moral, que por si é apodicticamente certa); mas apenas para dar realidade objectiva ao conceito de bem supremo, isto é, para impedir que este, juntamente com toda a vida ética, se considere apenas um puro ideal, se em nenhum lado existe aquilo cuja ideia acompanha indissoluvelmente a moralidade.

/ A 315, 316

48 | A PAZ PERPÉTUA

Não é, portanto, o *conhecimento,* mas a *necessidade* sentida ([9]) da razão aquilo por que *Mendelssohn* (sem o saber) se orientava no pensamento especulativo. E, visto que este meio de orientação não é um princípio objectivo da razão, um princípio / de discernimento, mas um princípio puramente subjectivo (isto é, uma máxima) do único uso que lhe é permitido pelos seus limites, uma consequência da necessidade e, que *para ela* constitui o fundamento total da determinação do nosso juízo sobre a existência do ser supremo, do qual se faz apenas um uso contingente, é orientar-se nas tentativas especulativas sobre o mesmo objecto: assim, Mendelssohn errou aqui, sem dúvida, em virtude de conceder a tal especulação um tão grande poder de por si conseguir tudo só através da demonstração. A necessidade do primeiro meio só poderia ter lugar se se admitiu plenamente a insuficiência do último; reconhecimento a que finalmente o teria levado a sua agudeza intelectual se, com uma mais longa duração de vida, lhe tivesse também sido dada a agilidade do espírito, mais própria dos anos de juventude, para facilmente modificar o velho e habitual tipo de pensamento, em conformidade com a transformação do estado das ciências. Entretanto, cabe-lhe porém o mérito de persistir em buscar a pedra de toque final para a admissibilidade de um juízo aqui, como em toda a parte, *unicamente na razão,* quer esta fosse guiada na escolha das suas proposições pelo discernimento [intelectual] ou pela simples necessidade e pelas máximas da sua própria

---

([9]) A razão não sente; discerne a sua deficiência e, mediante *a tendência para o conhecimento,* realiza o sentimento da necessidade. Passa-se aqui o mesmo que com o sentimento moral, o qual não produz lei moral alguma, pois esta brota totalmente da razão; mas o sentimento moral é causado ou produzido pela lei moral, por conseguinte, pela razão, na medida em que a vontade impulsionada e, no entanto, livre requer motivos determinados.

/ A 316, 317 – Nota / A 317

QUE SIGNIFICA ORIENTAR-SE NO PENSAMENTO? | 49

vantagem. Chamou ele à razão, no seu último uso, a comum razão humana; pois esta / tem sempre primeiramente diante dos olhos o seu próprio interesse, enquanto é preciso já ter saído dos trilhos naturais para o esquecer e divisar ociosamente entre conceitos numa consideração retrospectiva e objectiva, a fim de simplesmente estender o seu saber, quer seja necessário ou não.

Mas visto que a expressão – *enunciado da sã razão* –, na questão presente, continua ainda a ser equívoca e se pode tomar ou, como o próprio *Mendelssohn* a interpretou, a saber, enquanto juízo derivado de um *discernimento racional* ou, como a parece compreender o autor dos *Resultados*, enquanto juízo de *inspiração racional:* por isso, será necessário dar a esta fonte do acto de julgar uma outra designação e nenhuma lhe é mais adequada do que a de *fé racional.* Qualquer fé, mesmo a de natureza histórica, deve ser *racional* (pois a derradeira pedra de toque da verdade é sempre a razão); só que uma fé racional é a que não se funda em nenhuns outros dados excepto os que estão contidos na razão pura. Toda a *fé* é, pois, um assentimento subjectivamente suficiente, mas, no plano objectivo, com *consciência* da sua insuficiência; portanto, contrapõe-se ao *saber.* Por outro lado, se considerarmos algo como verdadeiro por motivos objectivos, embora com a consciência da sua insuficiência, por conseguinte, meramente opinado, então esta opinião pode, mediante um complemento progressivo com motivos / da mesma espécie, tornar-se por fim um saber. Em contrapartida, se os motivos do assentimento não são, segundo a sua natureza, objectivamente válidos, então a fé nunca se tornará um saber, seja qual for o uso da razão. A crença histórica, por exemplo, acerca da morte de um grande homem que algumas cartas relatam *pode tornar-se um saber* se as próprias autoridades do lugar nos informam sobre o seu túmulo, testamento, etc.

/ A 317, 318, 319

A PAZ PERPÉTUA

Portanto, algo pode considerar-se, isto é, crer-se como historicamente verdadeiro apenas com base em testemunhos, por exemplo, que há no mundo uma cidade chamada Roma; e, no entanto, quem nunca lá esteve pode dizer: *eu sei*, e não apenas: *eu creio* que existe uma Roma; tudo isto se ajusta muito bem. Pelo contrário, a pura *fé racional* nunca pode transformar-se num saber através de todos os dados naturais da razão e da experiência, porque o fundamento do ter por verdadeiro é aqui simplesmente subjectivo, a saber, é uma exigência necessária da razão (e, enquanto houver homens, existirá sempre) *pressupor,* mas não demonstrar a existência de um Ser supremo. Esta necessidade da razão relativamente ao seu uso *teórico,* que a satisfaz, nada mais seria do que uma pura *hipótese racional,* isto é, uma opinião, que seria suficiente para se tomar como verdadeira em virtude de motivos subjectivos; porque, *para explicar* determinadas *acções,* nunca se pode esperar outro princípio a não ser esse e a / razão exige um fundamento explicativo. Em contraposição, *a fé racional* que se baseia na necessidade do seu uso no propósito *prático* poderia chamar-se um *postulado* da razão: não como se fosse um discernimento que satisfaria todas as exigências lógicas em relação à certeza, mas porque semelhante assentimento (pois, no homem, tudo se julga bem apenas no aspecto moral) não é inferior ([10]) em grau a nenhum saber, embora seja totalmente distinto do saber quanto à natureza.

([10]) À *firmeza* da fé é inerente a consciência da sua *invariabilidade.* Posso pois estar plenamente seguro de que ninguém me poderá refutar a proposição: *Deus existe;* com efeito, onde iria ele buscar tal discernimento? Por conseguinte, as coisas não se passam com a fé racional como com a crença histórica, a respeito da qual é sempre possível descobrir provas em contrário e na qual se deve estar sempre preparado para mudar de opinião, se é que importa alargar o nosso conhecimento das coisas.

/ A 319, 320

QUE SIGNIFICA ORIENTAR-SE NO PENSAMENTO? | 51

Uma pura fé racional é, pois, o poste indicador ou a bússola pela qual o pensador especulativo se orienta nas suas incursões racionais no campo dos objectos supra-sensíveis, e que pode mostrar ao homem de razão comum e, no entanto (moralmente), sã, o seu caminho de todo adequado à completa finalidade da sua determinação, tanto do ponto de vista teórico como prático; e esta fé racional é também o que se pode pôr na base de / qualquer outra fé, e até de toda a revelação.

O *conceito* de Deus e até a convicção da sua *existência* só podem encontrar-se na razão, só dela promanam e não nos advêm nem por inspiração, nem ainda por uma notícia dada mesmo pela maior autoridade. Se me ocorrer uma intuição imediata de uma tal espécie que a natureza, tanto quanto a conheço, me não pode proporcionar, deve pois, entretanto, um conceito de Deus servir-me de fio condutor para ver se o fenómeno se harmoniza também com tudo o que se exige para as características de uma divindade. Embora eu não discirna como é possível que um fenómeno qualquer represente, mesmo só quanto à qualidade, o que apenas se pode sempre pensar mas nunca se deixa intuir, é, contudo, pelo menos bastante claro que, só para julgar se é Deus o que me aparece, que actua interior ou exteriormente sobre o meu sentimento, o devo considerar à luz do meu conceito racional de Deus e, em seguida, examinar não apenas se lhe é adequado, mas simplesmente se não o contradiz. Justamente assim: mesmo se em tudo aquilo em que ele se me revela imediatamente nada se encontrar que contradiga esse conceito, ainda assim tal fenómeno, intuição, revelação imediata, ou seja qual for o modo como essa representação / se denomine, nunca demonstraria *a existência* de um ser, cujo conceito (se não for determinado de um modo inequívoco e, por conseguinte, não se submeter à mistura de toda a ilusão possível) exige *a infini-*

/ A 320, 321, 322

52 | A PAZ PERPÉTUA

tude segundo a grandeza, para o distinguir de toda a criatura; conceito, porém, a que nenhuma experiência ou intuição pode ser adequada e, portanto, também nunca pode demonstrar inequivocamente a existência de um tal ser. Portanto, através de uma intuição qualquer, ninguém se pode primeiro convencer da existência do Ser supremo; a fé racional deve vir à frente e, em seguida, certos fenómenos ou manifestações poderiam dar azo à investigação para sabermos se o que nos fala, ou se nos exibe, se ajusta bem a ser considerado como uma divindade e se, após exame, confirma aquela fé.

Se, pois, se negar à razão o direito que lhe compete de falar em primeiro lugar nas coisas que concernem aos objectos supra-sensíveis, como a existência de Deus e o mundo futuro, fica assim aberta uma ampla porta a todo o devaneio, superstição, e até mesmo ao ateísmo. E, no entanto, na polémica entre *Jacobi* e *Mendelssohn*, tudo *parece* apontar para a subversão não sei bem se apenas do *discernimento racional* e do saber (por meio de uma suposta força na especulação), ou se também até da *fé racional* e, em troca, para a instituição de uma outra fé que / qualquer um pode estabelecer a seu bel-prazer. Quase se deveria tirar esta última conclusão ao assistir-se à proposta do conceito *espinosista* de Deus como o único que se harmoniza com todos os princípios da razão e é, no entanto, um conceito / repreensível. Com efeito, se é inteiramente compatível com a fé racional admitir que a própria razão especulativa nem sequer é capaz de discernir a *possibilidade* de um ser tal como devemos pensar Deus, então ele não pode harmonizar-se ([11]) com nenhuma fé e,

---

([11]) É difícil compreender como é que os eruditos mencionados conseguiram encontrar na *Crítica da Razão Pura* um encorajamento ao espinosismo. A crítica corta totalmente as asas do dogmatismo no tocante ao conhecimento dos objectos supra-sensíveis, e o espinosismo é a este

QUE SIGNIFICA ORIENTAR-SE NO PENSAMENTO? | 53

sobretudo, com nenhum assentimento a uma existência, de modo que a razão compreenda a *impossibilidade* de um objecto e, no entanto, possa reconhecer, a partir de outras fontes, a realidade do mesmo objecto.

Homens de capacidades espirituais e de vistas largas! Admiro o vosso talento e aprecio muito o vosso sentimento humano. Mas reflectistes bem no que fazeis e onde se chegará com os vossos / ataques à razão? Quereis, sem dúvida, que a *liberdade de pensar* se mantenha incólume, pois, sem ela

---

respeito tão dogmático que compete mesmo com o matemático, em relação ao rigor da demonstração. A crítica demonstra que o quadro dos conceitos puros do entendimento deveria conter todos os elementos do pensamento puro; o espinosismo fala de pensamentos que, no entanto, se pensam a si mesmos e, por isso, de um acidente, que contudo existe para si como sujeito: um conceito que não se encontra no entendimento humano e que também nele se não pode introduzir. A crítica mostra que, para afirmar a possibilidade de um ser, mesmo pensado, não basta ainda que no seu conceito nada exista de contraditório (embora, em caso de necessidade, seja sem dúvida permitido admitir tal possibilidade); mas o espinosismo pretende discernir a impossibilidade de um ser, cuja ideia consta apenas de puros conceitos do entendimento, dos quais se eliminaram só todas as condições da sensibilidade e nos quais, portanto, nunca se pode encontrar contradição alguma. Mas, no entanto, não consegue apoiar por meio de nada essa pretensão que vai além de todos os limites. Justamente por isso é que o espinosismo leva em linha recta ao devaneio. Em contrapartida, não há nenhum meio seguro de arrancar pela raiz todo o entusiasmo delirante a não ser a determinação dos limites / da capacidade da pura razão. – Um outro erudito encontra também na *Crítica da Razão Pura* um *cepticismo*, embora a crítica vise estabelecer algo de certo e determinado relativamente ao âmbito do nosso conhecimento *a priori*. Do mesmo modo, encontra ele uma *dialéctica* nas investigações críticas que, no entanto, visam dissolver e extirpar para sempre a inevitável dialéctica em que a razão pura, conduzida em toda a parte de um modo dogmático, se enreda e implica. Os neoplatónicos, que se chamavam eclécticos porque sabiam encontrar por toda a parte nos antigos autores as suas próprias fantasias quando de antemão as tinham em si introduzido, era justamente assim que procediam; por conseguinte, nada há de novo debaixo do sol.

/ A 324, 325 – Nota / A 323, 324

54 | A PAZ PERPÉTUA

depressa acabariam os vossos livres ímpetos de génio. Vejamos o que naturalmente se irá passar com essa liberdade de pensamento se um procedimento, tal como o que iniciais, se tornar prevalecente.

A liberdade de pensar contrapõe-se, *em primeiro lugar,* à *coacção civil.* Sem dúvida, há quem diga: a liberdade de *falar* ou de *escrever* pode-nos ser tirada por um poder superior, mas não a liberdade de *pensar.* Mas quanto e com que correcção *pensaríamos* nós se, por assim dizer, não pensássemos em comunhão com os outros, a quem comunicamos os nossos pensamentos e eles nos *comunicam* os seus! Por conseguinte, pode muito bem dizer-se que o poder exterior, que arrebata aos homens a liberdade de *comunicar* publicamente os seus pensamentos, lhes rouba também a liberdade de *pensar*: o único tesouro que, apesar de todos os encargos civis, ainda nos resta e pelo qual apenas se pode criar um meio contra todos os males desta situação.

Em segundo lugar, a liberdade de pensar toma-se também no sentido de que se opõe à *pressão sobre a consciência moral*; quando, sem qualquer poder em matéria de religião, há cidadãos que se constituem tutores dos outros e, em vez de / argumentos, sabem banir todo o exame da razão mediante uma impressão inicial sobre os ânimos, através de fórmulas de fé prescritas e acompanhadas pelo angustiante temor do *perigo de uma inquirição pessoal.*

Em terceiro lugar, a liberdade de pensamento significa também que a razão não se submete a nenhumas outras leis a não ser àquelas que *ela a si mesmo dá;* e o seu contrário é a máxima de um *uso sem lei* da razão (para assim, como imagina o génio, ver mais longe do que sob a restrição imposta pelas leis). A consequência que daí se tira é naturalmente esta: se a razão não quer submeter-se à lei, que ela a si própria dá, tem de curvar-se sob o jugo das leis que um outro lhe dá; pois, sem lei

/ A 325, 326

QUE SIGNIFICA ORIENTAR-SE NO PENSAMENTO? | 55

alguma, nada, nem sequer a mais absurdidade, se pode exercer durante muito tempo. Por conseguinte, a consequência inevitável da *declarada* inexistência de lei no pensamento (a libertação das restrições impostas pela razão) é esta: a liberdade de pensar acaba por perder-se e, porque a culpa não é de alguma infelicidade, mas de uma verdadeira arrogância, a liberdade, no sentido genuíno da palavra, é *confiscada*.

O curso das coisas é mais ou menos este: a princípio, o *génio* compraz-se no seu ímpeto audacioso, porquanto deitou fora o fio com que a razão habitualmente o dirigia. Logo a seguir, fascina / também outros mediante decisões imperiosas e grandes expectativas e parece ter-se sentado doravante num trono, que a vagarosa e pesada razão tão mal adornava, embora o génio continue a usar a linguagem dela. A máxima da invalidade, então aceite, de uma razão supremamente legisladora é o que nós, homens comuns, chamamos o *entusiasmo delirante*; mas os favoritos da benevolente natureza dão-lhe o nome de *iluminação*. Como, entretanto, depressa deve surgir entre estes uma confusão de linguagem, pois só a razão pode imperar validamente a todos, e agora cada qual segue a sua inspiração, por fim, factos provenientes de inspirações interiores devem ser confirmados por testemunhos exteriores, e de tradições, que de início eram escolhidas e com o tempo se tornaram documentos impositivos, surgiu, numa palavra, a total submissão da razão aos factos, isto é, à *superstição*, porque esta não pode pelo menos reduzir-se a uma forma *legal* e entrar assim num estado de repouso.

No entanto, porque a razão humana aspira sempre à liberdade, o seu primeiro uso de uma liberdade, de que durante muito tempo se desacostumou, quando rompe as cadeias, deve degenerar em abuso e confiança temerária na independência do seu poder em relação a toda a limitação, numa convicção do domínio absoluto da razão especulativa,

/ A 326, 327

56 | A PAZ PERPÉTUA

que nada admite a não ser o que / se pode justificar por razões *objectivas* e pela convicção dogmática, negando com audácia tudo o mais. A máxima da independência da razão relativamente à sua *própria necessidade* (renúncia à fé racional) chama-se então *incredulidade:* não é uma incredulidade histórica, pois não se pode pensar como deliberada, por conseguinte, também não como responsável (porque cada qual deve crer num facto que é tão suficientemente comprovado como uma demonstração matemática, quer queira quer não); mas é uma *incredulidade racional,* um inconveniente estado do espírito humano, que priva as leis morais, primeiro, de toda a força de móbil sobre o coração e, com o tempo, até de toda a autoridade, suscitando assim o modo de pensar que se chama *livre pensamento,* isto é, o princípio de não reconhecer mais nenhum dever. Entra aqui em acção a autoridade, para que os próprios assuntos civis não entrem na maior desordem; e, visto que o meio mais rápido e mais enérgico é para ela o melhor, a autoridade suprime a liberdade de pensar e, tal como às outras actividades, também sujeita esta aos regulamentos do país e assim a liberdade de pensamento, ao querer agir de modo absolutamente independente das leis da razão, acaba por se destruir a si mesma.

Amigos do género humano e do que para ele é mais sagrado! Aceitai o que, após um exame cuidadoso e honesto, vos / parecer mais digno de fé quer sejam factos, quer princípios de razão; somente não impugneis à razão o que dela faz o supremo bem na terra, isto é, o privilégio de ser a derradeira pedra de toque da verdade ([12]). Caso contrário,

---

([12]) *Pensar por si mesmo* significa procurar em si próprio (isto é, na sua própria razão) a suprema pedra de toque da verdade; e a máxima de pensar sempre por si mesmo é a *Ilustração (Aufklärung).* Não lhe incumbem tantas coisas como imaginam os que situam a ilustração nos *conhecimentos*; pois

---

/ A 327, 328, 329 – Nota / A 329

QUE SIGNIFICA ORIENTAR-SE NO PENSAMENTO? | 57

/ indignos de tal liberdade, também certamente a perdereis, e esta infelicidade arrasta ainda igualmente a outra parte inocente da cabeça, que, de outro modo, estaria disposta a servir-se legalmente da sua liberdade e a contribuir assim de forma conveniente para a melhoria do mundo.

---

ela é antes um princípio negativo no uso da sua faculdade de conhecer e, muitas vezes, quem é excessivamente rico de conhecimentos é muito menos esclarecido no uso dos mesmos. Servir-se da sua *própria* razão quer apenas dizer que, em tudo o que se deve aceitar, se faz a si mesmo esta pergunta: será possível transformar em princípio universal do uso da razão aquele pelo qual se admite algo, ou também a regra que se segue do que se admite? Qualquer um pode realizar consigo mesmo semelhante exame e bem depressa verá, neste escrutínio, desaparecerem a superstição e o devaneio, mesmo se está muito longe de possuir os conhecimentos para a ambos refutar com razões objectivas. Com efeito, serve-se apenas da máxima da *autoconservação* da razão. É, pois, fácil instituir a ilustração em *sujeitos individuais* por meio da educação; importa apenas começar cedo e habituar os jovens espíritos a esta reflexão. Mas esclarecer uma *época* é muito enfadonho, pois depara-se com muitos obstáculos exteriores que, em parte, proíbem e, em parte, dificultam aquele tipo de educação.

/ A 330 – Nota / A 330

/ Sobre a expressão corrente: Isto pode ser correcto na teoria, mas nada vale na prática
(1793)

Chama-se *teoria* mesmo a um conjunto de regras práticas quando estas regras são pensadas como princípios numa certa universalidade, e aí se abstrai de um grande número de condições as quais, no entanto, têm necessariamente influência sobre a sua aplicação. Inversamente, denomina-se *prática* não toda a operação, mas apenas a efectuação de um fim conseguida como adesão a certos princípios de conduta representados na sua generalidade.

É evidente que entre a teoria e a prática se exige ainda um elemento intermédio de ligação e da transição de uma para a outra, por mais completa que possa também ser a teoria; com efeito, ao conceito de / entendimento, que contém a regra, deve acrescentar-se um acto da faculdade de julgar, mediante o qual o prático distingue se algo é ou não um caso da regra; e visto que à faculdade de julgar

---

/ A 201, 202

60 | A PAZ PERPÉTUA

não se pode propor sempre de novo regras pelas quais tenha de se orientar na subsunção (porque isso iria até ao infinito), pode haver teóricos que na sua vida jamais conseguem tornar-se práticos, porque a sua faculdade de juízo é deficiente: por exemplo, médicos ou juristas, que fizeram bons estudos, mas que ao terem de dar um conselho não sabem como se devem comportar. – Mas também onde se depara com este dom da natureza pode haver ainda uma lacuna nas premissas; isto é, a teoria pode ser incompleta e o complemento da mesma pode talvez ter lugar só através de tentativas e de experiências ainda por fazer, a partir das quais o médico ao sair da escola, o agricultor ou o fiscal, pode e deve abstrair para si novas regras e completar assim a sua teoria. Não era, pois, por culpa da teoria se ela tinha pouco valor para a prática, mas sim porque *não* se encontrava aí teoria *bastante* que o homem deveria ter aprendido da experiência, e que é a verdadeira / teoria mesmo quando ele não está por si a fornecer e, como professor, a expor de modo sistemático em proposições universais, por conseguinte, não pode ter pretensões ao nome de teórico da medicina, da agricultura e coisas do género. – Ninguém, portanto, pode passar por versado na prática de uma ciência e, no entanto, desprezar a teoria sem mostrar que é um ignorante no seu ramo: pois crê poder avançar mais do que lhe permite a teoria, mediante tacteios em tentativas e experiências, sem reunir certos princípios (que constituem propriamente o que se chama teoria) e sem formar para si, a propósito da sua ocupação, uma totalidade (que, quando tratada de um modo sistemático, se chama sistema).

No entanto, há que tolerar ainda mais que um ignorante apresente na sua pretensa prática a teoria como inútil e supérflua do que ver um espertalhão admitir que ela é valiosa para a escola (a fim de certamente exercitar a ca-

/ A 202, 203

SOBRE A EXPRESSÃO CORRENTE: ISTO PODE SER... | 61

beça), mas afirmar ao mesmo tempo que na prática tudo é diferente; que ao sair da escola para o mundo se apercebe de ter andado atrás de ideias vazias e de / sonhos filosóficos; numa palavra, que o que é plausível na teoria não tem valor algum para a prática. (É o que muitas vezes se exprime assim: esta ou aquela proposição vale decerto *in thesi*, mas não *in hypothesi.*) Ora, seria apenas objecto de riso o maquinista empirista ou o artilheiro que respectivamente quisesse impugnar a mecânica geral ou a teoria matemática dos projécteis, sustentando que a teoria a seu respeito está decerto subtilmente pensada, mas não tem validade na prática, pois na aplicação a experiência fornece resultados inteiramente diversos da teoria (com efeito, se à primeira se acrescentasse ainda a teoria da fricção e à segunda a da resistência do ar, por conseguinte, de maneira geral ainda mais teoria, elas harmonizar-se-iam inteiramente com a experiência). Mas o caso é, no entanto, totalmente diferente quando se lida com uma teoria respeitante a objectos da intuição, ou com uma teoria em que esses objectos só se representam mediante conceitos (com objectos da matemática e objectos da filosofia): conceitos esses que, *pensados* talvez de modo perfeito e irrepreensível (do lado da razão), mas não podendo porventura ser *dados,* simplesmente / ser ideias vazias, das quais na prática ou não se pode fazer uso algum ou, então, um uso que lhe seria prejudicial. Por conseguinte, em tais casos essa expressão comum poderia ter muito bem a sua adequada correcção.

Mas, numa teoria que se funda no *conceito de dever,* está deslocada a apreensão por causa da idealidade vazia deste conceito. Pois, não seria um dever intentar um certo efeito da nossa vontade, se ele não fosse possível também na experiência (quer ele se pense como realizado ou como aproximando-se constantemente do seu cumprimento); é deste

/ A 203, 204, 205

62 | A PAZ PERPÉTUA

tipo de teoria que se fala no presente tratado. Com efeito, é a propósito desta última que não raro, para escândalo da filosofia, se alega que o que nela pode haver de justo é, no entanto, sem valor para a prática: e, claro está, num tom altivo e depreciativo, cheio de arrogância, em querer reformar, mediante a experiência, a própria razão mesmo naquilo em que ela põe a sua mais alta glória; e em conseguir ver mais longe e com maior segurança uma pseudo-sabedoria, com olhos de toupeira fixados na experiência, do que com os olhos concedidos a um ser que fora feito para se manter / de pé e contemplar o céu.

Ora, na nossa época rica de sentenças e vazia de acção, esta máxima que se tornou muito comum causa o maior dano quando diz respeito a algo de moral (dever de virtude ou de direito). Com efeito, aqui havemo-nos com o cânone da razão (no campo prático), onde o valor da prática se funda inteiramente na sua conformidade com a teoria que lhe está subjacente, e tudo está perdido se as condições empíricas e, por conseguinte, contingentes do cumprimento da lei se transformam em condições da própria lei e se, portanto, uma prática que se avalie por um sucesso provável segundo a experiência *até agora adquirida* pretende controlar a teoria que por si mesma subsiste.

Faço a divisão deste tratado segundo os três diferentes pontos de vista a partir dos quais o homem de bem, que sentencia tão ousadamente sobre teorias e sistemas, costuma avaliar o seu objecto; por conseguinte, numa tríplice qualidade: 1) como *homem privado* mas, no entanto, homem prático [*Geschäftsmann*]; 2) como *homem político* [*Staatsmann*]; 3) como *homem do mundo* (ou cidadão do mundo em geral). Ora, estas três personagens concordaram em atirar-se / ao *homem da escola,* que elabora a teoria para todos eles e para seu proveito, a fim de o reconduzir – pois

/ A 205, 206, 207

SOBRE A EXPRESSÃO CORRENTE: ISTO PODE SER... | 63

julgam compreender melhor tal proveito – à sua escola *(illa se jactet in aula!)* (*) como um pedante que, impróprio para a prática, apenas impede o caminho à sua sabedoria experimentada.

Apresentaremos, pois, a relação da teoria à prática em três números: *primeiro,* na *moral* em geral (em vista do bem de cada *homem*); *em segundo lugar,* na *política* (em relação ao bem dos *Estados*); *em terceiro lugar,* sob o ponto de vista cosmopolita (em vista do bem do *género humano* no seu conjunto e, claro está, enquanto ele se concebe em progresso para o mesmo na série das gerações de todos os tempos futuros. Mas, por razões que emanarão do próprio tratado, o título desses números formular-se-á assim: relação da teoria à prática na moral, no direito político desses números formular-se-á assim: relação da teoria à prática na *moral,* no *direito político* e no *direito das gentes.*

_____

(*) «Que se orgulhe lá nesse domínio!»

/ A 207

I

/ Da relação da teoria à prática na moral em geral (em resposta a algumas objecções do Sr. Prof. Garve) ([13])

Antes de abordar o ponto peculiar que está em litígio, relativo ao que, no uso de um e mesmo conceito, pode valer apenas para a teoria ou para a prática, devo comparar a minha teoria, tal como a expus noutro lugar, com a representação que dela propõe o senhor Garve, para previamente ver se também nos entendemos.

A. À guisa de introdução, tinha eu previamente definido a moral como uma ciência que nos / ensina como devemos, não tornar-nos felizes, mas dignos da felicidade ([14]). Eu não tinha aí deixado de observar que desse modo não se exigia ao homem que devia, ao tratar-se do cumprimento do dever, *renunciar* ao seu fim natural, a felicidade; pois ele não pode fazer isso, como também nenhum ser racional finito em geral; mas devia, quando sobrevém o *mandamento* do dever, *abstrair* inteiramente de tal consideração; devia

---

([13]) *Ensaios Sobre os Diversos Objectos da Moral e da Literatura*, por C. H. Garve 1.ª parte. pp. 111/116. Dou o nome de *objecções* à contestação das minhas proposições que este homem digno faz a propósito daquilo em que ele deseja (como espero) entender-se comigo; e não de ataques, que como afirmações impugnadoras deviam levar à defesa: nem aqui para isso há lugar, nem em mim a disposição.

([14]) O mérito a ser feliz é a qualidade de uma pessoa fundada no próprio querer do sujeito, em conformidade com a qual uma razão legisladora universal (tanto da natureza como do livre querer) se harmonizaria com todos os fins desta pessoa. É, pois, inteiramente diverso da habilidade em conseguir uma felicidade. Com efeito, nem sequer é digno desta e do talento que a natureza para isso lhe repartiu, se tiver uma vontade que não se harmonize com o único querer em concordância com uma legislação universal da razão, e que nele não se possa conter (isto é, que contradiz a moralidade).

/ A 208, 209 – Notas / A 208, 209

SOBRE A EXPRESSÃO CORRENTE: ISTO PODE SER... | 65

absolutamente não fazer dela a *condição* do cumprimento da / lei que lhe é prescrita pela razão; mais ainda, devia, tanto quando lhe é possível, procurar tornar-se consciente de que nenhum *móbil* derivado dessa fonte se imiscua imperceptivelmente na determinação do dever: o que se conseguirá se se representar o dever mais em ligação com os sacrifícios que custa a sua observação (a virtude), do que com as vantagens que ele nos procura: a fim de para si representar o mandamento do dever em toda a sua autoridade, que exige uma obediência incondicionada, se basta a si mesma e não precisa de nenhuma outra influência.

a. Ora, eis como o Sr. Garve exprime a minha proposição: «eu teria afirmado que a observação da lei moral sem qualquer consideração pela felicidade é o *único fim último* do homem, que ela deve ver-se como o único fim do Criador». (Segundo a minha teoria, o único fim do Criador não é nem a moralidade do homem por si, nem apenas a felicidade por si, mas o soberano bem possível no mundo, que consiste na união e no acordo dos dois.)

B. Além disso, também eu tinha observado que o conceito de dever não precisa, para se / fundar, de nenhum fim particular mas que, pelo contrário, *suscita* um outro fim para a vontade do homem, a saber: contribuir por todos os meios para o *soberano bem* possível no mundo (a felicidade geral no universo, associada à mais pura moralidade e conforme com ela); o que, por estar sem dúvida em nosso poder de um lado, mas não dos dois, impõe à razão a fé num senhor moral do universo e numa vida futura, *do ponto de vista prático.* Não é como se apenas sob o pressuposto destas duas coisas o conceito geral de dever receba de imediato «consistência e solidez», isto é, um fundamento seguro e a força que um *móbil* requer, mas para que ele receba também um *objecto*

/ A 209, 210, 211

66 | A PAZ PERPÉTUA

apenas no ideal da razão pura ([15]). / Pois, em si, o dever nada mais é do que *a restrição* da vontade à condição de uma legislação / universal, possível mediante uma máxima admitida, seja qual for ou o fim deste querer (por conseguinte,

---

([15]) A necessidade de admitir como fim último de todas as coisas um *soberano bem* no mundo, possível também mediante a nossa colaboração, não é uma necessidade proveniente da falta de motivos morais, mas da carência de condições exteriores, nas quais apenas se pode produzir, em conformidade com esses motivos, um objecto como fim em si mesmo (como *fim último* moral). Com efeito, sem qualquer fim, não pode haver *vontade* alguma; embora, ao tratar-se / apenas da obrigação legal das acções, seja preciso abstrair dele e só a lei constitua o princípio determinante da vontade. Mas nem todo o fim é moral (por exemplo, não o é o fim da felicidade pessoal); este deve ser desinteressado; mas a necessidade de um fim último estabelecido pela razão pura e englobando o conjunto de todos os fins sob um princípio (um mundo como bem supremo e possível também através da nossa cooperação) é uma necessidade da vontade desinteressada, que *se estende* ainda além da observação das leis formais até à produção de um objecto (o bem supremo). – Eis uma determinada vontade de espécie peculiar, a saber, mediante a ideia da totalidade dos fins, onde como fundamento se estabelece que, se nos encontramos em certas relações morais com coisas do mundo, devemos obedecer sempre à lei moral; e a isso acrescenta-se ainda o dever de fazer tudo o que está em nosso poder para que exista uma tal relação (um mundo conforme aos fins morais supremos). O homem concebe-se a este respeito por analogia com a divindade, a qual, embora subjectivamente não tenha necessidade de nenhuma coisa exterior, não pode no entanto pensar-se como encerrando-se em / si mesma, mas antes determinada pela consciência da sua total suficiência a produzir fora de si o bem supremo; necessidade essa (que no homem é dever) impossível de ser representada *por nós* no ser soberano, excepto como necessidade moral. Por conseguinte, no homem, o móbil que reside na ideia do soberano bem possível no mundo através da sua colaboração também não é a felicidade pessoal aí intentada, mas apenas esta ideia como fim em si mesmo, por conseguinte, a sua prossecução por dever. Com efeito, ela não contém a perspectiva da felicidade pura e simplesmente, mas apenas a de uma proporção entre tal felicidade e o mérito do sujeito, seja ele qual for. Mas uma determinação da vontade, que se limita a ela e também à sua intenção de participar num todo assim, esta condição, *não é interessada*.

/ A 211, 212, 213 – Nota / 211, 212, 213

também a felicidade); mas aqui abstrair-se-á totalmente de tal objecto e também de cada fim que se possa ter. Por isso, na questão do *princípio* da moral, pode omitir-se completamente e deixar-se de lado (como episódica) a doutrina do *soberano bem* como fim último de uma vontade / determinada pela moral e conforme às suas leis; como também transparece na sequência, ao abordar-se o verdadeiro ponto de lítigio, não se lhe presta atenção, mas apenas à moral universal.

b. O Sr. Garve expõe estas proposições com os termos seguintes: «O homem virtuoso não pode nem deve jamais perder de vista aquela perspectiva (da felicidade própria) – porque, de outro modo, perderia completamente o caminho para o mundo invísivel, para a convicção da existência de Deus e da imortalidade; convicção essa que, no entanto, segundo esta teoria, é absolutamente necessária para dar *solidez e consistência ao sistema moral»;* e para condensar a totalidade da afirmação que me é atribuída, conclui assim: «O homem piedoso, em virtude desses princípios, esforça-se incessantemente por ser digno da felicidade, mas *enquanto* é verdadeiramente virtuoso jamais se esforça por ser feliz.» (A palavra *enquanto* introduz aqui uma ambiguidade, que importa antes de mais desfazer. Pode significar tanto como *no acto,* em que ele como virtuoso se submete ao seu dever; e então, esta proposição / harmoniza-se perfeitamente com a minha teoria. Ou então: se ele em geral é apenas virtuoso e, portanto, até mesmo quando não se trata de dever e contra ele não há oposição, o homem virtuoso não deve ter consideração alguma pela felicidade; ora, isto contradiz inteiramente as minhas afirmações.)

Tais objecções nada mais são, pois, do que mal-entendidos (com efeito, não as posso considerar como interpretações tendenciosas), cuja possibilidade deveria espantar, se a propensão do homem para seguir o curso habitual do seu

/ A 213, 214, 215

pensamento mesmo na avaliação do pensamento de outrem, e para introduzir neste o primeiro, não explicasse suficientemente semelhante fenómeno.

A este tratamento polémico do princípio moral acima mencionado segue-se uma afirmação dogmática do contrário. O Sr. Garve raciocina assim de modo analítico: «Na ordem dos *conceitos*, é preciso que a percepção e a distinção dos estados, pelas quais se dá a um a preferência sobre o outro, precedam a escolha de um entre eles e, por conseguinte, a pré-determinação de um certo fim. Mas um estado que um ser dotado da consciência de si e do seu estado / *prefere* a outras maneiras de ser, quando tal estado está presente e é percebido, é um *bom* estado; e uma série de tais bons estados é o conceito mais geral que a palavra *felicidade* exprime.» – E ainda: «Uma lei pressupõe motivos, os motivos por sua vez pressupõem uma percepção prévia da diferença entre um estado melhor e um estado menos bom. Esta diferença percepcionada é o elemento do conceito da felicidade, etc.» E ainda: *«Da felicidade,* no sentido mais geral da palavra, *brotam os motivos de todo o esforço;* portanto, também para a obediência à lei moral. Devo, primeiro, saber em geral que algo é bom, antes de poder indagar se o cumprimento dos deveres morais se inscreve sob a rubrica do bem: o homem deve ter um *móbil* que o ponha em movimento *antes* de se lhe propor um objectivo ([16]) / para o qual este movimento deva dirigir-se.»

([16]) É nisto precisamente que eu insisto. O móbil que o homem pode ter antes de lhe ser proposto um objectivo (fim) / nada mais pode ser manifestamente senão a própria lei, pelo respeito que ela inspira (sem determinar que fins se podem ter e alcançar mediante a obediência a ela). Com efeito, a lei, relativamente ao elemento formal do arbítrio, é justamente a única coisa que resta, quando deixei de lado a matéria do arbítrio (o objectivo, como o chama o Sr. G.).

/ A 215, 216, 217 – Nota / A 216, 217

SOBRE A EXPRESSÃO CORRENTE: ISTO PODE SER... | 69

Este argumento nada mais é do que um jogo com a ambiguidade da palavra *bem,* quer porque se opõe enquanto bom em si e incondicionado ao mal em si, quer porque se compara enquanto sempre apenas condicionalmente bom com um bem menor ou superior, pois o estado da escolha deste último só pode ser um estado comparativamente melhor, mas que pode, no entanto, ser mau em si mesmo. – A máxima que prescreve observar incondicionalmente, sem qualquer consideração por um fim tomado como princípio, uma lei do livre arbítrio (isto é, o dever) que impera categoricamente distingue-se de modo essencial, isto é, *segundo a espécie,* da máxima que nos prescreve seguir o fim (que em geral se chama felicidade) a nós proposto pela própria natureza como motivo para um certo modo de agir.

Com efeito, a primeira máxima é boa em / si mesma, mas de nenhum modo a segunda; esta, em caso de colisão com o dever, pode ser muito má. Pelo contrário, se se tomar por fundamento um certo fim, por conseguinte, se nenhuma lei impera incondicionalmente (mas apenas sob a condição deste fim), duas acções opostas podem ambas ser boas de modo condicional, e só uma ser melhor do que outra (a qual se poderia, pois, dizer comparativamente má); com efeito, não diferem uma da outra pela espécie, mas *apenas segundo o grau.* E o mesmo se passa com todas as acções cujo motivo não é a lei incondicionada da razão (dever), mas um fim arbitrariamente posto por nós como fundamento, pois pertence ao conjunto de todos os fins, cuja obtenção se chama felicidade; e uma acção pode contribuir mais e outra menos para a minha felicidade, por conseguinte, pode ser melhor ou pior do que a outra. – Porém, a *preferência* de um estado da determinação da vontade em relação a outro é apenas um acto da liberdade *(res merae facultatis,* como dizem os juristas); no qual não se toma em consideração se esta (determinação da vontade) é em si boa ou má, por conseguinte, é equivalente em relação aos dois.

/ A 216, 217, 218

/ Um estado que se encontra em conexão com um certo *fim dado,* que eu prefiro a qualquer outro *da mesma espécie,* é um estado comparativamente melhor, a saber, no domínio da felicidade (que *a razão* nunca reconhece como *bem* a não ser de um modo simplesmente condicionado, contanto que dela se seja digno). Mas o estado em que, no caso de colisão de certos fins meus com a lei moral do dever, estou consciente de preferir este último, não é apenas um estado melhor, mas o único que em si é bom: é um bem de um campo totalmente diverso, onde não se têm em consideração os fins que se me podem oferecer (nem, por conseguinte, o seu conjunto, a felicidade) e onde o que constitui o princípio determinante do arbítrio não é a matéria do mesmo (um objecto que lhe é dado como fundamento), mas a simples forma da legalidade universal da sua máxima. – Por conseguinte, de nenhum modo se pode dizer que cada estado, que eu *prefiro* a todo o outro modo de ser, deve por mim ser incluído na felicidade. Pois, em primeiro lugar, devo estar certo de que não ajo contra o meu dever; só em seguida me é permitido olhar à volta em busca da felicidade, contanto que eu a possa conciliar com / o meu estado moralmente (e não fisicamente) bom ([17]).

([17]) A felicidade compreende tudo (e também nada mais do que) o que a natureza nos pode proporcionar; mas a virtude inclui tudo o que ninguém, a não ser o próprio homem, a si pode dar ou arrebatar. Se, pelo contrário, se quisesse objectar que pelo afastamento em relação à última o homem pode, pelo menos, atrair sobre si censuras e a pura auto-reprovação moral, portanto, a insatisfação, por conseguinte, pode tornar-se infeliz – talvez se possa conceder isso. Mas deste puro descontentamento moral (derivado, não das consequências da acção desvantajosas para esse homem, mas da sua própria infracção à lei) só é capaz o virtuoso, ou quem está em vias de o vir a ser. Por conseguinte, o descontentamento não é a causa, mas apenas o efeito de ele ser virtuoso; e o motivo de ser virtuoso não podia depreender-se da infelicidade (se assim se quiser chamar a dor procedente de uma má acção).

/ A 219, 220 – Nota / A 220

SOBRE A EXPRESSÃO CORRENTE: ISTO PODE SER... | 71

Sem dúvida, a vontade deve ter *motivos;* estes, porém, não são objectos referidos ao *sentimento físico* propostos como fins, mas nada mais são do que a própria *lei* incondicionada: a predisposição da vontade para se encontrar / sobre tal lei, como constrangimento incondicionado, chama-se o *sentimento moral;* o qual não é, pois, causa, mas efeito da determinação da vontade, e dele não teríamos em nós a mínima percepção se aquele constrangimento não ocorresse em nós com antecedência. Daí, pois, o velho refrão de que este sentimento, por conseguinte, o prazer, que nós transformamos em fim, constitui a causa primeira da determinação da vontade, por conseguinte, a felicidade (de que aquela é um elemento) constitui o fundamento de toda a necessidade objectiva de agir, portanto, de toda a obrigação – semelhante refrão faz parte das *bagatelas* subtis. Porque não é possível deixar de inquirir na especificação de uma causa para um certo efeito, acaba por fazer-se do efeito a causa de si mesmo.

Chego agora ao ponto que aqui verdadeiramente nos preocupa: a saber, estabelecer e examinar por meio de exemplos o pretenso interesse, contraditório em filosofia, da teoria e da prática. A melhor prova é aqui fornecida pelo Sr. Garve no seu tratado já mencionado. Começa por dizer (ao falar da diferença que eu encontro entre uma doutrina sobre como devemos ser felizes e outra sobre o modo como devemos tornar-nos dignos da felicidade): / «Confesso, pela minha parte, que compreendo muito bem esta divisão das ideias na minha *cabeça,* mas não encontro no meu *coração* a divisão dos desejos e esforços; e que também me é incompreensível como é que qualquer homem se pode tornar consciente de ter absolutamente afastado a sua ânsia de felicidade e de assim ter cumprido o dever de um modo totalmente desinteressado.»

/ A 220,221, 222

Respondo, antes de mais, a este último ponto. Concedo de bom grado que nenhum homem pode tornar-se consciente com toda a certeza de *ter cumprido* o seu dever de um modo inteiramente desinteressado, pois isso cabe à experiência interna, e para esta consciência do seu estado de alma seria preciso ter uma representação perfeitamente clara de todas as representações marginais e de todas as considerações associadas ao conceito de dever mediante a imaginação, o hábito e a inclinação, representação essa que em nenhum caso se pode exigir; a inexistência de algo (por conseguinte, também de uma vantagem secretamente pensada) não pode em geral ser também objecto da experiência. Mas que o homem *deva cumprir* o seu dever de um modo totalmente desinteressado e *deva* de todo separar do conceito do dever a sua ânsia de felicidade para / ter aquele em toda a sua pureza, disso está ele consciente com a máxima clareza; ou, se ele crê não o estar, pode exigir-se-lhe que se torne tal, tanto quanto está em seu poder; pois é precisamente nesta pureza que se depara com o verdadeiro valor da moralidade, e é pois preciso que também ele o possa. Talvez nunca um homem tenha cumprido de um modo totalmente desinteressado (sem mistura de outros móbiles) o seu dever conhecido e por ele venerado; talvez ninguém chegue tão longe, mesmo com o maior esforço. Mas pode certamente, ao inquirir em si mesmo com o mais cuidadoso auto-exame, tornar-se consciente não só da ausência de tais motivos concorrentes, mas antes da abnegação de muitos motivos que impedem a ideia do dever, por conseguinte, a máxima de tender para aquela pureza: disso é ele capaz; e isto é também suficiente para a sua observância do dever. Pelo contrário, transformar em máxima o fomento da influência de tais motivos sob o pretexto de que a natureza humana não tolera uma tal pureza (o que ele, no entanto, também não pode afirmar com certeza) é a morte de toda a moralidade.

/ A 222, 223

SOBRE A EXPRESSÃO CORRENTE: ISTO PODE SER... | 73

/ No tocante agora à breve confissão precedente do Sr. Garve, de que não encontra no seu *coração* aquela divisão (na realidade, separação), não tenho escrúpulo algum em contradizê-lo na sua auto-acusação e em tomar a defesa do seu coração contra a sua cabeça. Como homem honesto, ele deparava sempre, de facto, com tal divisão no seu coração (nas determinações da sua vontade); mas não queria apenas harmonizar-se na sua cabeça com os habituais princípios das explicações psicológicas (que estabelecem todos como fundamento o mecanismo da necessidade natural), em vista da especulação e da apreensão do que é incompreensível (inexplicável), a saber, a possibilidade de imperativos categóricos (tais como os do dever) ([18]).

/ Mas quando o Sr. Garve, por fim, diz – «Semelhantes distinções subtis das ideias *obscurecem-se* já na *reflexão* sobre objectos particulares; mas *desvanecem-se completamente* quando se trata da *acção,* quando se devem aplicar aos desejos e às intenções. Quanto mais simples, mais rápido e *mais desprovido de representações claras* é o passo pelo qual da consideração dos motivos passamos ao agir real, tanto menos é possível conhe-

---

([18]) O Sr. Prof. Garve (nas suas *Anotações ao livro de Cícero sobre os deveres,* p. 69, ed. de 1783) fez esta notável confissão, digna da sua subtileza: «Segundo a sua convicção mais profunda, a liberdade permanecerá sempre insolúvel e nunca será explicada.» De nenhum modo se pode deparar com uma prova da sua realidade, nem numa experiência imediata, nem numa experiência mediata; e, sem prova / alguma, também não é possível admiti-la. Ora, visto que uma prova da mesma não se pode levar a cabo a partir de razões simplesmente teóricas (pois dever-se-iam procurar na experiência), por conseguinte, a partir de proposições racionais simplesmente práticas, mas também não tecnicamente práticas (porque exigiram então, de novo, razões tiradas da experiência), por consequência, só a partir de proposições moralmente práticas: pode perguntar-se por que é que o Sr. Garve não recorreu ao conceito de liberdade para, pelo menos, salvar a possibilidade de tais imperativos.

/ A 224, 225 – Nota / A 224, 225

74 | A PAZ PERPÉTUA

cer de modo exacto e seguro o peso preciso acrescentado por cada motivo para dirigir o passo nesta, e não na outra direcção» – tenho de o contradizer com clareza e veemência.

/ O conceito do dever em toda a sua pureza é não só, sem comparação, mais simples, mais claro, mais compreensível e mais natural para quem quer que seja, no uso prático, do que todo o motivo precedente da felicidade ou confundido com ela e com a referência a ela (o que exige sempre muita arte e reflexão); mas também, no próprio juízo da mais comum razão humana, se é a ela só e, claro está, com a separação ou até mesmo a oposição a esse motivo, à vontade dos homens que tal conceito se refere, constitui um motivo de acção mais poderoso, mais premente e mais promissor de êxito do que todos os que se tiram do último princípio egoísta. – Seja, por exemplo, este caso: alguém tem nas suas mãos um bem que outrem lhe confiou *(depositum)*, o seu proprietário morreu e os seus herdeiros nada disso sabem nem podem saber. Apresente-se este caso a uma criança de oito ou nove anos; e acrescente-se ao mesmo tempo que o detentor do depósito, surpreendido justamente nesse tempo (sem culpa sua) com a ruína total da sua fortuna, se vê rodeado de uma família, mulher e filhos, triste e esmagada pela miséria, e que poderia instantaneamente sair de tal / indigência se ele se apropriasse daquele depósito; acrescente-se ainda que ele é filantropo e caritativo, ao passo que os herdeiros são ricos duros e, além disso, faustosos e perdulários, a tal ponto que era como se ao mar se lançasse este suplemento à sua fortuna. E pergunte-se então se, nestas circunstâncias, se pode ter como permitido o uso do depósito em proveito próprio. Sem dúvida, a criança interrogada responderá: não! E em vez de todas as razões, poderá apenas dizer, *é injusto,* isto é, opõe-se ao dever. Nada é mais claro, mas verdadeiramente não no sentido de que, mediante a restituição, ele favoreceria a sua própria *felicidade.* Pois, se esperasse da intenção em relação à ultima a determi-

/ A 225, 226, 227

SOBRE A EXPRESSÃO CORRENTE: ISTO PODE SER... | 75

nação da sua decisão poderia, por exemplo, pensar assim: «Se tu, sem teres solicitado, restituis o bem de outrem, que tens em teu poder, aos seus verdadeiros proprietários, é provável que eles te recompensem pela tua probidade; ou, se tal não acontecer, adquirirás para ti uma boa e ampla reputação, que te pode vir a ser muito proveitosa. Mas tudo isto é muito incerto. Por outro lado, ocorrem também muitas reflexões: se quisesses desviar o que te foi confiado / para subitamente te subtraíres à pressão das circunstâncias, atrairias sobre ti a suspeita, se dele fizesses um uso rápido; perguntar-se-ia como e por que via tão depressa terias chegado a uma melhoria da tua situação; mas se quisesses levar isso a efeito devagar, então, a tua miséria tornar-se-ia entretanto tão grande que se tornaria irremediável.» – Por conseguinte, a vontade que se orienta pela máxima da felicidade oscila entre os seus móbiles sobre o que deve decidir; com efeito, olha para o êxito e este é muito incerto; é preciso ter uma boa cabeça para se desenvencilhar do embaraço de razões e contra-razões e não se enganar no balanço. Pelo contrário, se a vontade se interroga sobre qual é aqui o dever, não está confusa quanto à resposta que a si mesma deve dar, mas sabe logo o que tem de fazer. Mais, se o conceito do dever tem para ela algum valor, sente mesmo um desgosto em aventurar-se a um cálculo das vantagens que lhe poderiam advir da sua transgressão, como se ela aqui ainda não tivesse escolha.

/ Que, portanto, essas distinções (as quais, como justamente se mostrou, não são tão subtis como pretende o Sr. Garve, mas estão escritas com os mais grosseiros e mais ilegíveis caracteres na alma do homem) se *desvanecem inteiramente,* como ele diz, *quando se trata da acção* – eis o que contradiz a experiência própria de cada um. Não certamente aquela que apresenta a *história* das máximas tiradas de um ou de outro princípio, pois tal história prova infelizmente que, na sua maioria, as máximas provêm do egoísmo; mas a experiência,

/ A 227, 228, 229

76 | A PAZ PERPÉTUA

que só pode ser interna, de que nenhuma ideia eleva mais o ânimo humano e o estimula até ao entusiasmo do que precisamente a de uma pura disposição moral que honra o dever acima de tudo, luta com os inumeráveis males da vida e até com as suas tentações sedutoras e, no entanto (como com razão se admite que o homem é disso capaz), sobre elas triunfa. Que o homem seja consciente de que pode porque deve – isso revela nele um abismo de disposições divinas, que lhe fazem sentir, por assim dizer, um tremor sagrado perante a grandeza e a sublimidade do seu verdadeiro destino. E se, muitas vezes, se chamasse a atenção do homem e ele se / habituasse a despojar inteiramente a virtude de toda a riqueza do seu espólio de vantagens tiradas da observação, e a representá-la para si em toda a sua pureza; se, no ensino privado e público, se transformasse em princípio fazer assim dela uso constante (um método de inculcar os deveres que quase sempre se descurou), a moralidade dos homens bem depressa haveria de melhorar. Se a experiência histórica até agora ainda não quis provar o bom êxito das doutrinas da virtude, a culpa cabe precisamente ao falso pressuposto de que o móbil tirado da ideia do dever é em si mesmo demasiado subtil para a concepção comum, ao passo que, pelo contrário, a ideia mais grosseira, derivada de certas vantagens a esperar neste mundo e até num mundo futuro, da observância da lei (sem atender à própria lei como móbil), actuaria com mais força sobre o ânimo; e ao facto de até agora se ter dado a preferência, para princípio da educação e da pregação no púlpito, à ânsia pela felicidade, em confronto com aquilo de que a razão faz a condição suprema, isto é, merecer ser feliz. Pois *preceitos* sobre o modo de se tornar / feliz ou, pelo menos, de poder prevenir o dano próprio não são mandamentos nenhuns; não vinculam absolutamente ninguém; e cada um, após ter sido advertido, pode escolher o que lhe parece bom, se consente em admitir aquilo que o

/ A 229, 230, 231

SOBRE A EXPRESSÃO CORRENTE: ISTO PODE SER... | 77

concerne. Os males que em seguida lhe poderiam advir da negligência do conselho que lhe foi dado, não tem motivo para os considerar como castigos; com efeito, estes incidem apenas na vontade livre, mas contrária à lei; mas a natureza e a inclinação não podem dar leis à liberdade. Inteiramente diferente é o que se passa com a ideia do dever, cuja transgressão, mesmo sem tomar em consideração as desvantagens daí decorrentes, age imediatamente sobre o ânimo e torna o homem aos seus próprios olhos condenável e punível.

Existe, pois, aqui uma prova clara de que, na moral, tudo o que é correcto para a teoria deve também valer para a prática. – Na sua qualidade de homem como ser submetido pela própria razão a certos deveres, cada um é, pois, um *homem prático* [*Geschäftsmann*]; e uma vez que, como homem, nunca é demasiado velho para a escola da sabedoria, não pode, sob pretexto de pela experiência estar mais bem instruído sobre o que é um / homem e sobre o que dele se pode exigir, rejeitar para a escola o adepto da teoria com soberbo desdém. Pois, toda esta experiência de nada lhe serve para se subtrair à prescrição da teoria, mas pode, quando muito, ensinar-lhe apenas o modo de a poder realizar melhor e mais universalmente, se ela se aceitou nos seus princípios; é apenas destes últimos que aqui se fala, e não da habilidade pragmática.

II
Da relação da teoria à prática no direito político
(Contra *Hobbes*)

Entre todos os contratos pelos quais uma multidão de homens se religa numa sociedade *(pactum sociale),* o contrato que entre eles estabelece uma *constituição civil (pactum unionis civilis)* é de uma espécie tão peculiar que, embora tenha muito em comum, quanto à *execução,* com todos os outros

/ A 231, 232

(que visam a obtenção em comum de qualquer outro fim), se / distingue, no entanto, essencialmente de todos os outros no princípio da sua instituição *(constitutionis civilis)*. *A* união de muitos homens em vista de um fim (comum) qualquer (que todos *têm)*, encontra-se em todos os contratos de sociedade; mas a união dos mesmos homens que em si mesmos é um fim (que cada qual *deve ter)*, por conseguinte, a união em toda a relação exterior dos homens em geral, que não podem deixar de se enredar em influência recíproca, é um dever incondicionado e primordial: uma tal união só pode encontrar-se numa sociedade enquanto ela radica num estado civil, isto é, constitui uma comunidade [*gemein Wesen*]. Ora o fim, que em semelhante relação externa é em si mesmo um dever e até a suprema condição formal *(conditio sine qua non)* de todos os restantes deveres externos, é o *direito* dos homens *sob leis públicas de coacção,* graças às quais se pode determinar a cada um o que é seu e garanti-lo contra toda a intervenção de outrem.

Mas o conceito de um direito externo em geral decorre totalmente do conceito da *liberdade* na relação externa dos homens entre si e nada tem a ver com o fim, que / todos os homens de modo natural têm (o intento da felicidade), nem com a prescrição dos meios para aí chegar; pelo que também este último fim não deve absolutamente mesclar-se naquela lei como princípio determinante da mesma. O *direito* é a limitação da liberdade de cada um à condição da sua consonância com a liberdade de todos, enquanto esta é possível segundo uma lei universal; e o *direito público* é o conjunto das *leis exteriores* que tornam possível semelhante acordo universal. Ora, visto que toda a restrição de liberdade pelo arbítrio de outrem se chama *coacção,* segue-se que a constituição civil é uma relação de homens *livres,* que (sem dano da sua liberdade no todo da sua religação com os outros) se encontram no entanto sujeitos

/ A 232, 233, 234

SOBRE A EXPRESSÃO CORRENTE: ISTO PODE SER... | 79

a leis coercivas: porque a própria razão assim o quer e, sem dúvida, a razão que legifera *a priori*, a qual não toma em consideração qualquer fim empírico (todos os fins desta espécie se encontram englobados no nome geral de felicidade); a propósito deste mesmo fim e do que cada qual nele pretende pôr, os homens pensam de modos muito diversos, de maneira que a sua vontade não pode reconduzir-se a um princípio comum, por conseguinte, também não a nenhuma lei / externa que se harmonize com a liberdade de cada qual.

Por isso, o estado civil, considerado simplesmente como situação jurídica, funda-se nos seguintes princípios *a priori:*

1. A *liberdade* de cada membro da sociedade, como *homem,*
2. A *igualdade* deste com todos os outros, como *súbdito.*
3. A *independência* de cada membro de uma comunidade, como *cidadão.*

Estes princípios não são propriamente leis que o Estado já instituído dá, mas leis segundo as quais apenas é possível uma instituição estável, segundo os puros princípios racionais do direito humano externo em geral. Por conseguinte:

1. A *liberdade* como homem, cujo princípio para a constituição de uma comunidade eu exprimo na fórmula: ninguém me pode constranger a ser feliz à sua maneira (como ele concebe o bem-estar dos outros homens), mas a cada um é permitido buscar a sua felicidade pela via que lhe parecer boa, contanto que não cause dano à liberdade de os outros (isto é, ao direito de outrem) aspirarem a um fim semelhante, e que pode / coexistir com a liberdade de cada um, segundo uma lei universal possível. – Um governo que se erigisse sobre o princípio da benevolência para com o povo à maneira de um *pai* relativamente aos seus filhos, isto é, um governo *paternal (imperium paternale),* onde, por conseguinte, os súbditos,

---

/ A 234, 235, 236

como crianças menores que ainda não podem distinguir o que lhes é verdadeiramente útil ou prejudicial, são obrigados a comportar-se apenas de modo passivo, a fim de esperarem somente do juízo do chefe do Estado a maneira como *devem* ser felizes, e apenas da sua bondade que ele também o queira – um tal governo é o maior *despotismo* que se pode pensar (constituição, que suprime toda a liberdade dos súbditos, os quais, por conseguinte, não têm direito algum). Não é o governo *paternal,* mas um governo *patriótico (imperium, non paternale, sed patrioticum)*, o único concebível para homens capazes de direitos, ao mesmo tempo em relação com a benevolência do soberano. Com efeito, o modo de pensar é *patriótico* quando cada qual no Estado (sem exceptuar o chefe) considera a comunidade como o seio materno, ou o país como o solo paterno de que provém e no qual nasceu, e que deve deixar também / atrás de si como um penhor precioso para unicamente preservar os direitos do mesmo mediante leis da vontade comum, mas não para se sentir autorizado a dispor dele segundo o seu capricho incondicional. – Este direito da liberdade advém-lhe, a ele que é membro de uma comunidade, enquanto homem, ou seja, enquanto ser que em geral é capaz de direitos.

2. A *igualdade* enquanto súbdito, cuja fórmula se pode estabelecer assim: Cada membro da comunidade possui um direito de coacção sobre todos os outros, exceptuando apenas o chefe de Estado (porque ele não é membro desse corpo, mas o seu criador ou conservador), o qual é o único que tem o poder de constranger, sem ele próprio estar sujeito a uma lei coerciva. Porém, todo o que num Estado se encontra *sob* leis é súbdito, por conseguinte, sujeito ao direito de constrangimento, como todos os outros membros do corpo comum; a única excepção (pessoa física ou moral) é o chefe do Estado,

/ A 236, 237

SOBRE A EXPRESSÃO CORRENTE: ISTO PODE SER... | 81

pelo qual se pode exercer toda a coacção de direito. Com efeito, se ele também pudesse ser constrangido, não seria o chefe do Estado e a série / ascendente da subordinação iria até ao infinito. Mas se fossem duas (pessoas isentas do constrangimento), nenhuma delas se encontraria sob leis coercivas, e uma nada de contrário ao direito poderia fazer à outra – o que é impossível.

No entanto, esta igualdade universal dos homens num Estado, como seus súbditos, é totalmente compatível com a maior desigualdade na qualidade ou nos graus da sua propriedade, quer na superioridade física ou intelectual sobre os outros ou em bens de fortuna que lhe são exteriores e em direitos em geral (de que pode haver muitos) em relação aos outros; de maneira que o bem-estar de um depende muito da vontade do outro (o do pobre depende da do rico), um deve obedecer (como a criança aos pais, ou a mulher ao homem) e o outro dá-lhe ordens, um serve (como jornaleiro), o outro paga, etc. Mas, segundo o *direito* (que enquanto expressão da vontade geral só pode ser um único e que concerne à forma do direito, não à matéria ou o objecto sobre o qual se tem um direito), são porém, enquanto súbditos, todos iguais; porque nenhum pode constranger a quem quer que seja, excepto mediante a lei pública (e o seu executor, / o chefe do Estado), mas através desta também todos os outros se lhe contrapõem em igual medida; ninguém, porém, pode perder esta faculdade de constrangimento (por conseguinte, a posse de um direito contra outrem) a não ser em virtude do seu próprio crime, e também não pode a ele renunciar, isto é, por meio de um contrato; por conseguinte, ninguém pode, mediante um acto jurídico, fazer que não tenha direito algum, mas apenas deveres: com efeito, privar-se-ia assim do direito de fazer um contrato e, por conseguinte, este suprimir-se-ia a si mesmo.

/ A 238, 239, 240

82 | A PAZ PERPÉTUA

Ora, da ideia da igualdade dos homens num corpo comum como súbditos decorre também esta fórmula: cada membro desse corpo deve poder chegar a todo o grau de uma condição (que pode advir a um súbdito) a que o possam levar o seu talento, a sua actividade e a sua sorte; e é preciso que os seus co-súbditos não surjam como um obstáculo no seu caminho, em virtude de uma prerrogativa hereditária (como privilegiados numa certa condição) para o manterem eternamente a ele e à sua descendência numa categoria inferior à deles.

Pois, visto que todo o direito consiste apenas na limitação da liberdade de outrem com a condição de que ela possa coexistir com a minha segundo uma lei universal, e uma vez que / o direito público (numa comunidade) é simplesmente o estado de uma legislação efectiva, conforme a este princípio e apoiada pela força, em virtude da qual todos os que, como súbditos, fazem parte de um povo se encontram num estado jurídico *(status juridicus)* em geral, a saber, num estado de igualdade de acção e reacção de um arbítrio reciprocamente limitador, em conformidade com a lei universal de liberdade (chama-se a isto o estado civil): pelo que o *direito inato* de cada qual neste estado (isto é, anteriormente a todo o acto jurídico do mesmo), quanto ao poder de constranger quem quer que seja a permanecer no interior das fronteiras da consonância do uso da sua liberdade com a minha, é universalmente o *mesmo*. Ora, visto que o nascimento não é um *acto* de quem nasce, por conseguinte, não lhe está adscrita nenhuma desigualdade do estado jurídico, nem nenhuma submissão a leis coercivas a não ser aquela que lhe é comum a todos os outros, enquanto súbdito do único poder legislativo supremo, não pode haver nenhum privilégio inato de um membro do corpo comum, enquanto co-súbdito, sobre os outros e ninguém pode transmitir o privilégio do

/ A 240, 241

estado que ele / possui no interior da comunidade aos seus descendentes; por conseguinte, também não pode, como se por nascimento estivesse qualificado para a condição senhorial, impedir coercivamente os outros de chegarem por seu próprio mérito aos graus superiores da hierarquia (do superior e do inferior, dos quais, porém, nenhum é *imperans* e o outro *subjectus*). Pode transmitir tudo o que é coisa (não concernente à personalidade) e que se pode adquirir como propriedade e também ser por ele alienado, e assim suscitar numa linhagem de descendentes uma desigualdade considerável dos meios de fortuna entre os membros de um corpo comum (mercenário e locatário, proprietário fundiário e trabalhadores agrícolas); só não pode é impedir estes, se o seu talento, a sua actividade e a sua sorte tornarem possível, de subir a condições semelhantes. Pois, de outro modo, ser-lhe-ia permitido constranger sem por seu turno ser constrangido de novo pela reacção dos outros, e ir além do grau de co-súbdito. – Desta igualdade também não pode sair nenhum homem, que viva num estado jurídico de uma comunidade, a não ser em virtude do seu próprio crime, mas nunca mediante / contrato ou por violência de guerra *(occupatio belica)*; com efeito, não pode, por meio de qualquer acto jurídico (nem o seu nem o de outrem), deixar de ser o seu próprio senhor e entrar na classe dos animais domésticos, que se empregam para todos os usos como se quiser, e nesse estado se mantêm sem o seu consentimento, durante o tempo que se quiser, embora com a reserva de que se não mutilem ou matem (reserva que, por vezes, até é sancionada pela religião, como entre os indianos). Pode supor-se que o homem é feliz em todo o estado se unicamente tiver consciência de que apenas se deve a ele (ao seu poder ou à sua vontade expressa) ou a circunstâncias que ele não pode censurar a ninguém, e não à vontade irresistível de

---

/ A 241, 242, 243

84 | A PAZ PERPÉTUA

outrem, se não ascender ao mesmo escalão dos outros, os quais, como seus co-súbditos, não têm no tocante ao direito nenhuma vantagem sobre ele ([19]).

/ 3. A *independência (sibisufficientia)* de um membro da comunidade como *cidadão*, isto é, como colegislador. Relativamente ao ponto da própria legislação, todos os que são livres e iguais sob leis públicas já existentes não devem considerar-se como iguais no tocante ao direito de dar estas leis. Os que não são capazes deste direito estão, no entanto, enquanto membros do corpo comum, obrigados à observân-

---

([19]) Se se quiser associar à palavra *gracioso [gnädig]* um conceito determinado [diferente de benevolente *(gütig)*, benéfico *(wohltätig)*, tutelar *(schützend)*, etc.], só se pode atribuir àquele a cujo respeito nenhum direito de constrangimento é possível. Pelo que só o chefe da *administração do Estado*, que produz e reparte todo o bem possível segundo as leis públicas (com efeito, o *soberano* que as dá é por assim dizer invisível; ele é a própria lei personificada, e não o agente). Pode receber o título de *gracioso senhor [gnädiger Herr]*, enquanto é o único em relação ao qual nenhum direito coercivo é possível. É assim que numa aristocracia como, por exemplo, em Veneza, o *senado* é o único gracioso senhor; os nobres que o constituem são, no seu conjunto, sem exceptuar mesmo o *Doge* (pois só o *Grande Conselho* é o soberano), súbditos e, no tocante ao exercício do direito, iguais a todos os outros, a saber, no sentido de que cabe ao súbdito um direito de coerção relativamente a cada um deles. Os príncipes (isto é, pessoas a que cabe um direito sucessório ao governo) também se chamam, é certo, nesta perspectiva e em virtude daquelas pretensões (por cortesia) graciosos senhores; mas, quanto ao seu título de propriedade, são no entanto co-súbditos, em relação aos quais também ao menor dos seus servidores pode caber, por meio do chefe do Estado, um direito de constrangimento. Portanto, num Estado não pode haver senão um único gracioso senhor. Mas, no tocante às graciosas damas (propriamente elegantes), podem assim considerar-se em virtude de a sua *condição,* juntamente com o seu *sexo* (portanto, apenas em relação ao sexo *masculino)*, lhes dar direito a este título, e isso graças ao refinamento dos costumes (chamado galanteria), segundo o qual o sexo masculino julga honrar-se tanto mais quanto mais vantagens sobre si concede ao belo sexo.

/ A 243, 244 – Nota / A 243

SOBRE A EXPRESSÃO CORRENTE: ISTO PODE SER... | 85

cia de tais leis e, por isso mesmo, participam na protecção que elas garantem; só que não é como *cidadãos*, mas como *protegidos*. – Com efeito, todo o direito depende das leis. Mas uma lei pública que determina para todos o que lhes deve ser juridicamente permitido ou interdito é o acto de um querer público, do qual promana todo o direito e que, por conseguinte, não deve por si mesmo cometer injustiças contra ninguém. Ora, a este respeito, nenhuma outra vontade é possível a não ser a de todo o povo (já que todos decidem sobre todos e, por conseguinte, cada um sobre si mesmo): pois, só a si mesmo é que alguém pode causar dano. Mas se for outrem, a simples vontade de um indivíduo diferente nada sobre ele pode decidir que possa não ser injusto; por conseguinte, a sua lei / exigiria ainda uma outra lei, que limitasse a sua legislação, por conseguinte, nenhuma vontade particular pode ser legisladora para um corpo comum. Na realidade, os conceitos de liberdade externa, de igualdade e de *unidade* da vontade de todos concorrem para a formação deste conceito, e a independência é a condição desta unidade, uma vez que o voto se exige quando a liberdade e a igualdade se encontram reunidas). Chama-se lei fundamental à que apenas pode provir da vontade geral (unida) do povo, ou *contrato originário*.

Ora, quem tem o direito de voto nesta legislação chama-se um *cidadão* [*citoyen*], isto é, cidadão do Estado [*Staatsbürger*], e não cidadão da cidade [*bourgeois*]. *A* única qualidade que para tal se exige, além da qualidade *natural* (de não ser nem criança nem mulher), é ser o *seu próprio senhor (sui iuris)*, por conseguinte, é possuir alguma *propriedade* (a que se pode juntar também toda a habilidade, ofício, ou talento artístico, ou ciência) que lhe faculte o sustento; isto é, nos casos em que ele recebe dos outros os meios de viver, é necessário que os

/ A 245, 246

86 | A PAZ PERPÉTUA

adquira apenas mediante a *alienação* [*Veräusserung*] do / que
é *seu* ([20]), e não pelo consentimento a outros prestado para
utilizarem as suas forças, por conseguinte, ele a ninguém
deve servir / em sentido próprio a não ser à comunidade.
Ora, neste ponto, as associações de ofícios e os grandes (ou
pequenos) proprietários são todos iguais entre si, a saber,
cada um tem direito apenas a um voto. Pois, no tocante aos
últimos, sem sequer levantar a questão de como lhes foi
possível justamente caber a propriedade de mais terra do
que a que podem explorar com as suas mãos (com efeito,
a aquisição por conquista de guerra não é uma aquisição
primitiva), e como foi possível que muitos homens, que de
outro modo no seu conjunto teriam podido adquirir um
estado persistente de propriedade, se viram assim constran-
gidos a pôr-se ao serviço daquele para poderem viver – seria
já contradizer o precedente princípio da igualdade se uma
lei lhes concedesse o privilégio do seu estado, de modo que

([20]) Quem compõe uma obra *(opus)* pode passá-la a outro por *alienação*
[*Veräusserung*] como se fosse sua propriedade. Mas a *prestatio operae* não
é uma alienação. O empregado doméstico, o empregado de armazém, o
jornaleiro, e até o cabeleireiro são simples *operarii*, não *artífices* (no sentido
mais lato da palavra), e não membros do Estado, por conseguinte, não são
qualificados para serem cidadãos. Embora aquele que eu encarrego de
preparar a minha lenha de aquecimento e o alfaiate, a quem dou o pano
para fazer uma peça de vestuário, pareçam encontrar-se a meu respeito
em relações inteiramente semelhantes, aquele distingue-se deste, como
o cabeleireiro do fazedor de perucas (a quem posso igualmente fornecer
os cabelos para esse fim), portanto, como o jornaleiro se distingue do
artista ou do artífice, o qual faz uma obra que lhe pertence, enquanto
ele não for remunerado. O último, enquanto exerce um ofício, troca
pois com um outro a sua propriedade *(opus)*, o primeiro, o uso das suas
forças, que concede a outro *(operam)*. – Confesso que é difícil determinar
os requisitos para se poder ter a pretensão ao estado de um homem que
é o seu próprio senhor.

/ A 246, 247 – Nota / A 246

SOBRE A EXPRESSÃO CORRENTE: ISTO PODE SER... | 87

os seus descendentes ou haviam de permanecer sempre grandes proprietários (de feudos), sem lhes ser permitido vender ou partilhar os seus bens por herança e, portanto, para utilidade de mais alguns no povo, ou então, em tais partilhas, ninguém poderia adquirir algo a não ser que pertencesse a uma certa classe de homens arbitrariamente constituída para isso. Ou seja, o grande proprietário suprime tantos proprietários / mais pequenos com os seus sufrágios quantos os que poderiam ocupar o seu lugar; por isso, ele não vota em seu nome e, por conseguinte, tem apenas um voto. Porém, uma vez que só da capacidade, da actividade e da sorte de cada membro do corpo comum é que importa fazer depender a possibilidade de cada qual adquirir uma parte e todos a totalidade, mas esta distinção não pode ter-se em conta na legislação geral, é preciso avaliar o número dos votos aptos para a legislação segundo as cabeças dos que se encontram na condição de possidentes, e não segundo a importância das posses.

Mas é também preciso que todos os que têm o direito de voto se harmonizem entre si quanto à lei da justiça pública, pois, de outro modo, surgiria um conflito de direito entre os que não concordam e os primeiros, conflito que, para ser decidido, exigiria ainda também um princípio de direito mais elevado. Se, por conseguinte, não se pode esperar a unanimidade de um povo inteiro, se, portanto, apenas se pode prever como alcançável uma maioria de votos e, claro está, não a partir dos votantes directos (num povo grande), mas apenas dos delegados enquanto representantes do povo, então, / o próprio princípio que consiste em contentar-se com esta maioria, e enquanto princípio admitido com o acordo geral, portanto, mediante um contrato, é que deverá ser o princípio supremo do estabelecimento de uma constituição civil.

/ A 247, 248, 249

Corolário

Eis, pois, um *contrato originário* no qual apenas se pode fundar entre os homens uma constituição civil, por conseguinte, inteiramente legítima, e também uma comunidade. – Mas este contrato (chamado *contractus originarius* ou *pactum sociale*), enquanto coligação de todas as vontades particulares e privadas num povo numa vontade geral e pública (em vista de uma legislação simplesmente jurídica), não se deve de modo algum pressupor necessariamente como um *facto* (e nem sequer é possível pressupô-lo); como se, por assim dizer, houvesse primeiro de provar-se a partir da história que um povo, em cujo direito e obrigações entrámos enquanto descendentes, tivesse um dia de haver realizado efectivamente um tal acto e nos houvesse legado oralmente ou por escrito uma notícia segura ou um documento a seu respeito, para assim se considerar ligado a uma constituição civil / já existente. Mas é uma *simples ideia* da razão, a qual tem no entanto a sua realidade (prática) indubitável: a saber, obriga todo o legislador a fornecer as suas leis como se elas *pudessem* emanar da vontade colectiva de um povo inteiro, e a considerar todo o súbdito, enquanto quer ser cidadão, como se ele tivesse assentido pelo seu sufrágio a semelhante vontade. É esta, com efeito, a pedra de toque da legitimidade de toda a lei pública. Se, com efeito, esta é de tal modo constituída que é *impossível* a um povo inteiro *poder* proporcionar-lhe o seu consentimento (se, por exemplo, ela estabelece que uma certa classe de *súbditos* deve possuir hereditariamente o privilégio da *nobreza*), não é justa; mas se é *apenas possível* que um povo lhe dê o seu assentimento, então é um dever considerar a lei como justa: supondo também que o povo se encontra agora numa situação ou numa disposição do seu modo de pensar tal que, se ele

/ A 249, 250

SOBRE A EXPRESSÃO CORRENTE: ISTO PODE SER... | 89

fosse inquirido a seu respeito, recusaria provavelmente o seu consentimento [21].

/ Mas esta restrição vale evidentemente apenas para o juízo do legislador, não do súbdito. Se, pois, um povo sujeito a uma determinada legislação agora efectiva viesse ajuizar que a sua felicidade iria muito provavelmente ficar comprometida, que é que deveria fazer por si? Não deve ele resistir? A resposta só pode ser esta: nada pode fazer por si a não ser obedecer. Pois aqui não se trata da felicidade que o súbdito pode esperar de uma instituição ou de um governo da comunidade, mas acima de tudo apenas do direito, que / por este meio se deve garantir a cada qual: eis o princípio supremo de onde devem derivar todas as máximas que concernem a uma comunidade e que não é limitado por nenhum outro. Em relação à primeira (a felicidade), nenhum princípio universalmente válido se pode aduzir como lei. Com efeito, tanto as circunstâncias de tempo como também a ilusão cheia de contradições recíprocas e, além disso, sempre mutável, em que cada um põe a sua felicidade (ninguém lhe pode prescrever onde a deve colocar) tornam impossível todo o princípio firme e por si mesmo inadequado para servir de

---

[21] Se, por exemplo, se decretasse um imposto de guerra proporcional para todos os súbditos, estes não poderiam, lá por ele ser pesado, dizer / que é injusto, porque talvez a guerra, segundo a sua opinião, seria desnecessária: pois não têm competência para sobre isso julgarem; mas, porque permanece sempre *possível* que ela seja inevitável e o imposto indispensável, é necessário que ela se imponha como legítima no juízo dos súbditos. Mas se, numa tal guerra, certos proprietários fossem importunados por contribuições, enquanto outros da mesma condição eram poupados, fácil é de ver que um povo inteiro não poderia consentir em semelhante lei, e é autorizado a fazer pelo menos protestos contra a mesma, porque não pode considerar justa a desigual repartição dos encargos.

/ A 250, 251, 252 – / Nota A 250, 251

90 | A PAZ PERPÉTUA

base à legislação. A proposição – *salus publica suprema civitatis lex est* (*) – conserva intacto o seu valor e autoridade, mas a salvação pública, que *antes de mais* importa ter em conta, é justamente a constituição legal que garante a cada um a sua liberdade mediante leis; pelo que fica ao arbítrio de cada um buscar a sua felicidade no caminho que lhe parecer melhor, contanto que não cause dano à liberdade legal geral, por conseguinte, ao direito dos outros co-súbditos.

Se o poder supremo estabelece leis que visam directamente a felicidade (o bem-estar / dos cidadãos, a população, etc.), isso acontece não com o fito de estabelecer uma constituição civil, mas como meio de *garantir o estado jurídico* sobretudo contra os inimigos externos do povo. A este respeito, é preciso que o chefe de Estado tenha o poder para ele próprio e só ele julgar se uma coisa assim é necessária para a prosperidade do corpo comum, indispensável para garantir a sua força e solidez, tanto internamente como contra os inimigos externos; não é, porém, para tornar o povo feliz por assim dizer contra a sua vontade, mas apenas para fazer que ele exista como comunidade (^{22}); na apreciação de se foi *com prudência* que se tomou ou não determinada medida, o legislador pode sem dúvida enganar-se, mas não quando ele se interroga sobre se a lei se harmoniza ou não também com o princípio do direito; pois então dispõe, claro, a *priori,* como de uma bitola infalível da / ideia do contrato originário (e não precisa, como no princípio da felicidade, de esperar por

---

(*) «O bem público é a suprema lei do Estado.»

(^{22}) Aqui se inscrevem certas proibições de importação, para fomentar a produção dos meios de vida no interesse dos súbditos, e não para vantagem dos estrangeiros e estímulo do zelo de outrem, porque o Estado, sem o bem-estar do povo, não disporia de forças suficientes para se opor aos inimigos externos ou se manter a si mesmo como comunidade.

/ A 252, 253, 254 – Nota / A 253

SOBRE A EXPRESSÃO CORRENTE: ISTO PODE SER... | 91

experiências que tenham primeiro de o aconselhar acerca da conveniência dos seus meios). Com efeito, contanto que não haja contradição em que um povo inteiro dê por voto o seu assentimento a uma tal lei, por muito penoso que lhe seja aceitá-la, esta lei é conforme ao direito. Mas se uma lei pública é conforme a este último, por conseguinte, *irrepreensível* no tocante ao direito, então, está-lhe também ligada a autoridade para constranger e, por outro lado, a proibição de se opor à vontade do legislador, mesmo sem ser pela violência, isto é, o poder no Estado que dá à lei o seu efeito é também *irresistível*, e não existe nenhuma comunidade que tenha uma existência de direito sem um tal poder, que suprime toda a resistência interna, pois esta teria lugar segundo uma máxima que, uma vez universalizada, aniquilaria toda a constituição civil e o estado em que unicamente os homens podem estar na posse dos direitos em geral.

Daí se segue que toda a oposição ao poder legislativo supremo, toda a / sedição para transformar em violência o descontentamento dos súbditos, toda a revolta que desemboca na rebelião, é num corpo comum o crime mais grave e mais punível, porque arruína o seu próprio fundamento. E esta proibição é incondicional, de tal modo que mesmo quando o poder ou o seu agente, o chefe do Estado, violaram o contrato originário e se destituíram assim, segundo a compreensão do súbdito, do direito a ser legislador, porque autorizou o governo a proceder de modo violento (tirânico), apesar de tudo, não é permitido ao súbdito resistir pela violência à violência. Eis a razão: numa constituição civil já existente, o povo já não tem por direito a decisão de determinar como é que ela deve ser administrada. Pois, supondo que ele tem um tal direito e, claro está, o direito de se opor à decisão do efectivo chefe de Estado, quem deve decidir de que lado está o direito? Não pode ser nenhum dos dois, como

/ A 254, 255

92 | A PAZ PERPÉTUA

juiz em causa própria. Seria, pois, preciso haver ainda um chefe acima do chefe, que decidisse entre este e o povo – o que é contraditório. – Também não pode aqui interferir / um direito de necessidade *(ius in casu necessitatis)* que, de qualquer modo, enquanto pretenso *direito* de fazer *infracção* ao direito na extrema indigência (física) é um contra-senso ([23]), mesmo que forneça a chave para levantar a barreira que limita o poder próprio do povo. Com efeito, o chefe de Estado, para justificar o seu duro procedimento em relação aos súbditos, pode também argumentar a partir da sua obstinação, tal como eles podem justificar a sua revolta mediante a queixa de sofrerem um tratamento que lhes é indevido; e, neste caso, quem é que vai decidir? Quem se encontra na posse da suprema / administração pública da justiça, e tal é

([23]) Não há nenhum *casus necessitatis* a não ser na ocorrência de haver conflito de deveres, a saber, um *incondicional* e o outro (sem dúvida, talvez importante, mas no entanto) *condicional;* por exemplo, se se trata de desviar uma infelicidade do Estado pela traição de um homem que se encontra a respeito de outro numa relação como, por exemplo, a de pai e filho. Desviar o mal do Estado é um dever incondicional, mas desviar a infelicidade de um homem é apenas um dever condicionado (contanto que ele não seja culpado de um crime contra o Estado). Se o filho denunciasse o projecto do pai à autoridade, fá-lo-ia talvez com a maior repugnância, mas compelido pela necessidade / (moral). – Mas se se dissesse, a propósito de alguém que empurra um outro náufrago da sua tábua para conservar a própria vida, que um tal direito lhe coube graças à sua necessidade (física), isso é inteiramente falso. Pois conservar a minha vida é apenas um dever condicional (se isso pode ocorrer sem crime); mas é um dever incondicional não a tirar a outrem, que não me prejudica, e que nem sequer me põe em perigo de perder a minha. Contudo, os professores de direito civil geral procedem de modo inteiramente consequente ao concederem autorização jurídica a este socorro na necessidade. Pois a autoridade não pode ligar nenhum *castigo* à interdição porque tal pena deveria ser a morte. Mas seria uma lei absurda ameaçar com a morte alguém que, em circunstâncias perigosas, não se entregasse de bom grado à morte.

/ A 255, 256, 257 – Nota / A 256, 257

SOBRE A EXPRESSÃO CORRENTE: ISTO PODE SER... | 93

justamente o chefe de Estado; é o único que o pode fazer e, por conseguinte, na comunidade ninguém pode ter o direito de lhe contestar essa posse.

Encontro, no entanto, homens respeitáveis que afirmam o direito do súbdito a resistir pela força ao seu chefe em certas / circunstâncias, entre as quais quero aqui citar apenas o muito cauteloso, preciso e modesto *Achenwall*, nas suas lições de Direito Natural ([24]). Diz ele: «Se o perigo que ameaça a comunidade e proveniente da mais longa tolerância da injustiça do soberano é maior do que o que se pode recear do recurso às armas contra ele, então, o povo pode resistir-lhe, eximir-se ao seu contrato de submissão em favor desse direito e destroná-lo como tirano.» E conclui: «O povo regressa deste modo (relativamente ao seu precedente soberano) ao estado de natureza.»

Creio de bom grado que nem Achenwall nem qualquer dos homens honestos que sobre este ponto argumentaram em concordância com ele teriam alguma vez aconselhado ou aprovado numa qualquer ocorrência empreendimentos tão perigosos; e também dificilmente se pode duvidar de que, se as insurreições pelas quais a Suíça ou os Países Baixos unidos ou ainda a Grã-Bretanha alcançaram a sua actual constituição tão auspiciosamente / celebrada tivessem fracassado, os leitores da sua história veriam no suplício dos seus autores, agora enaltecidos, apenas o castigo merecido de grandes criminosos de Estado. Com efeito, o êxito imiscui-se habitualmente na nossa apreciação dos fundamentos do direito; embora aquele seja incerto, estes, porém, são certos. Mas é claro que, no tocante a estes últimos – mesmo se se admitir que mediante tal insurreição nenhuma injustiça se comete em relação ao

---

([24]) *Ius naturae* – Editio quinta. Pares posterior, pp. 203/206.

/ A 257, 258, 259

94 | A PAZ PERPÉTUA

soberano do país (o qual teria, porventura, infringido uma *joyeuse entrée* enquanto contrato fundamental efectivo com o povo) – no entanto, o povo, por este modo de buscar o seu direito, teria agido com a máxima ilegitimidade; pois ela (tomada como máxima) torna insegura toda a constituição jurídica e introduz o estado de uma plena ausência de leis *(status naturalis)*, onde todo o direito cessa ou, pelo menos, deixa de ter efeito. – A propósito da propensão de tantos autores bem pensantes para falar em favor do povo (para a sua própria perda), quero apenas notar que a sua causa é, em parte, a ilusão habitual de, ao falar-se do princípio do direito, se substituir aos seus juízos o princípio da felicidade; e em parte também, onde / não se pode encontrar nenhum instrumento de um contrato efectivamente proposto à comunidade, aceite pelo seu soberano e por ambos sancionado, eles admitiram a ideia de um contrato originário, que subjaz sempre à razão como algo que tem de se produzir *efectivamente* e deste modo pensaram preservar para o povo o direito de a ele se eximir por si mesmo, no caso de uma violação grosseira, segundo o seu próprio juízo ([25]).

([25]) Seja qual for a violação do contrato real entre o povo e o soberano, em tal caso o povo não pode reagir instantaneamente como *comunidade*, mas apenas por facção. Pois a constituição até então vigente foi destruída pelo povo; deve, antes de mais, ter lugar a organização numa nova comunidade. Irrompe então aqui o estado da anarquia com todos os seus horrores que, pelo menos, através dele são possíveis; e a injustiça, que aqui tem lugar, é então o que um partido inflige a outro no seio do povo, como se depreende claramente do exemplo citado, em que os súbditos sublevados daquele Estado quiseram finalmente impor à força aos outros uma constituição que teria sido muito mais opressiva do que a que eles / abandonaram; a saber, teriam sido devorados pelos eclesiásticos e aristocratas, em vez de, sob um soberano reinando sobre todos, poderem esperar maior igualdade na repartição dos encargos do Estado.

/ A 259, 260 – Nota / A 260, 261

SOBRE A EXPRESSÃO CORRENTE: ISTO PODE SER... | 95

/ Vê-se claramente aqui que mal faz, mesmo no direito civil, o princípio da felicidade (a qual efectivamente não é susceptível de nenhum princípio determinado); causa igualmente dano na moral, mesmo na melhor opinião que o docente tenha em vista a seu respeito. O soberano quer tornar o povo feliz segundo a sua própria ideia e transforma-se em déspota; o povo não se quer deixar privar da pretensão humana universal à própria felicidade e torna-se rebelde. Se, antes de mais, se tivesse inquirido o que incumbe ao direito (onde os princípios se estabelecem *a priori* e nenhum empirista os pode atamancar), a ideia do contrato social manter-se-ia no seu prestígio incontestável: não, porém, enquanto facto (como quer *Danton)*, sem o qual ele declara nulos e sem validade todos os direitos que se encontram na construção civil efectivamente existente e toda a propriedade), mas somente como o princípio racional para a apreciação de toda a / constituição jurídica pública em geral. E compreender-se-ia que, antes de a vontade geral existir, o povo não possui nenhum direito de constrangimento relativamente ao seu soberano, porque só por meio deste é que ele pode coagir juridicamente; mas uma vez que ela existe, também nenhuma coacção se deve exercer por parte do povo contra o soberano, porque então o próprio povo seria o soberano supremo; por conseguinte, o povo não dispõe de nenhum direito de constrangimento (de resistência em palavras ou em actos) a respeito do chefe de Estado.

Vemos também esta teoria suficientemente confirmada na prática. Na constituição da Grã-Bretanha, onde o povo tanto preza a sua constituição, como se fosse um modelo para o mundo inteiro, descobrimos que ela não diz absolutamente nada acerca do direito que pertence ao povo, no caso em que o monarca violasse o contrato de 1688; reserva,

/ A 261, 262

96 | A PAZ PERPÉTUA

pois, secretamente a rebelião contra ele, se este a quisesse infringir, porque não existe lei alguma a este respeito. Com efeito, é uma contradição evidente que a constituição contenha a respeito deste caso uma lei que autoriza a derrubar a constituição existente, da qual decorrem todas as leis particulares (supondo também que o próprio contrato é violado); pois ela deveria, então, conter também um poder oposto / *publicamente constituído* ([26]), por conseguinte, um segundo chefe de Estado, que defendesse os direitos do povo contra o primeiro, em seguida, também um terceiro, que decidisse entre os dois de que lado está o direito. – De igual modo, esses condutores do povo (ou, se se quiser, tutores), receosos de uma tal acusação se, porventura, o seu empreendimento falhasse, *imputaram* antes ao monarca, afugentado pelo medo que deles tinha, uma renúncia voluntária ao governo, em vez de se arrogarem o direito de o depor, por meio do qual teriam assim posto a constituição em manifesta contradição consigo mesma.

Se a propósito das minhas asserções ninguém me censurar por eu, mediante esta inviolabilidade, adular excessivamente os monarcas, / é de esperar também que me poupem a censura de favorecer excessivamente o povo, ao afirmar que ele possui também os seus direitos imprescritíveis perante o chefe do Estado, embora estes não possam ser direitos de constrangimento.

([26]) Nenhum direito no Estado pode ser dissimulado por assim dizer com perfídia, através de uma restrição secreta; e menos ainda o direito, que o povo se arroga como concernente à sua constituição, pois todas as suas leis se devem pensar como emanadas de uma vontade pública. Por conseguinte, seria preciso, se a constituição autorizasse a rebelião, que se proclamasse publicamente o direito para isso e também o modo de o usar.

/ A 262, 263, 264 – Nota / A 263

SOBRE A EXPRESSÃO CORRENTE: ISTO PODE SER... | 97

Hobbes é de opinião contrária. Segundo ele *(De Cive,* cap. VII, p. 14), o chefe de Estado de nenhum modo está ligado por contrato ao povo e não pode cometer injustiça contra o cidadão (seja qual for a sua decisão a respeito deste). – Semelhante tese seria totalmente correcta se, por injustiça, se entende a lesão que reconhece ao lesado um *direito de constrangimento* relativamente àquele que comete a injustiça; mas, considerada na sua generalidade, a tese é terrível.

O súbdito não refractário deve poder admitir que o seu soberano não lhe quer fazer injustiça alguma. Por conseguinte, visto que todo o homem tem os seus direitos inadmissíveis a que não pode renunciar, mesmo se quisesse, e sobre os quais tem competência para julgar; como, porém, a injustiça de que, na sua opinião, ele é vítima só pode, segundo aquele pressuposto, ter lugar por erro ou por ignorância do poder soberano quanto a certos efeitos das leis, é preciso conceder ao / cidadão e, claro está, com a autorização do próprio soberano, a faculdade de fazer conhecer publicamente a sua opinião sobre o que, nos decretos do mesmo soberano, lhe parece ser uma injustiça a respeito da comunidade. Com efeito, admitir que o soberano não pode errar ou ignorar alguma coisa seria representá-lo como agraciado de inspirações celestes e superior à humanidade. Por isso, *a liberdade de escrever* – contida nos limites do respeito e do amor pela constituição sob a qual se vive, mediante o modo liberal de pensar dos súbditos que aquela mesma constituição ainda inspira (e aí são os próprios escritores que se limitam reciprocamente, a fim de não perderem a sua liberdade) – é o único paládio dos direitos do povo. Pois querer recusar-lhe também esta liberdade não é apenas tirar-lhe toda a pretensão ao direito relativamente ao chefe supremo (segundo *Hobbes*), mas também subtrair a este último, cuja vontade só em virtude de representar a vontade geral do povo dá ordens

/ A 264, 265

aos súbditos como a cidadãos, todo o conhecimento daquilo que ele próprio modificaria, se estivesse informado, e é pô-lo em contradição consigo mesmo. Mas inspirar ao / soberano o receio de que pensar por si mesmo e tornar público o seu pensamento pode suscitar a agitação no Estado equivaleria a despertar nele a desconfiança em relação ao seu próprio poder, ou até o ódio contra o seu povo.

Mas o princípio geral, segundo o qual um povo deve julgar negativamente o seu direito, isto é, apenas o que se poderia considerar pela legislação suprema como *não ordenado* com a melhor vontade, está contido nesta proposição: *o que um povo não pode decidir a seu respeito também o não pode decidir o legislador em relação ao povo.*

Se, pois, por exemplo, a questão for esta: poderá uma lei que ordena considerar como de duração invariável uma certa constituição eclesiástica já estabelecida considerar-se também como emanando da vontade própria do legislador (da sua intenção)? – Então, começa-se por perguntar se *é permitido* a um povo impor a si mesmo uma lei, segundo a qual certos artigos de fé e certas formas da religião externa deverão persistir para sempre, uma vez estabelecidos; por conseguinte, se será permitido interdizer-se a si mesmo na sua descendência, progredir ainda mais na compreensão da religião ou modificar eventuais erros antigos. Torna-se então patente que um contrato / originário do povo, que fizesse semelhante lei, seria em si mesmo nulo e sem validade, porque se opõe ao destino e aos fins da humanidade; por conseguinte, uma lei assim estabelecida não pode considerar-se como a vontade própria do monarca e seria possível fazer-lhe representações contrárias. – Mas em todas os casos, seja qual for a decisão da legislação superior, pode fazer-se a seu respeito juízos gerais e públicos, nunca porém oferecer-lhe resistência por palavras ou por actos.

/ A 265, 266, 267

SOBRE A EXPRESSÃO CORRENTE: ISTO PODE SER... | 99

Em toda a comunidade deve haver uma *obediência* ao mecanismo da constituição política segundo leis coercivas (que concernem ao todo), mas ao mesmo tempo um *espírito de liberdade,* porque, no tocante ao dever universal dos homens, cada qual exige ser convencido pela razão de que semelhante coacção é conforme ao direito, a fim de não entrar em contradição consigo mesmo. A obediência sem o espírito de liberdade é a causa que induz a todas as *sociedades secretas.* Com efeito, é uma vocação natural da humanidade comunicar reciprocamente, sobretudo a propósito do que diz respeito ao homem em geral; por isso, se a liberdade se / favorecesse, eliminar-se-iam aquelas. – E por que outro meio seria também possível fornecer ao governo os conhecimentos que favorecem o seu próprio desígnio fundamental senão o de deixar manifestar-se este espírito da liberdade tão respeitável na sua origem e nos seus efeitos?

*

*   *

Em nenhum lado uma práxis que passa por cima de todos os puros princípios da razão se pronuncia com mais pretensão sobre a teoria do que na questão acerca das exigências de uma boa constituição política. A causa é esta: uma constituição legal já há muito existente habituou pouco a pouco o povo a julgar segundo uma regra a sua felicidade e os seus direitos, de acordo com o Estado em que tudo até então seguiu o seu curso tranquilo; mas, inversamente, não o habituou a apreciar este tipo de Estado segundo os conceitos que acerca de ambos a razão lhe proporciona, mas antes o acostumou a preferir ainda este estado passivo à situação perigosa de procurar um

/ A 267, 268

100 | A PAZ PERPÉTUA

melhor [onde se verifica o que Hipócrates pretende incutir aos médicos: *iudicium anceps, experimentum periculosum* (*)]. Ora, visto que todas as constituições que existem há muito, sejam quais forem os seus defeitos, produzem aqui em toda a sua / diversidade o mesmo resultado, a saber, contentar-se com aquela que se tem, nenhuma teoria se aplica quando se olha a *prosperidade do povo,* mas tudo assenta numa prática dócil à experiência.

Mas, se existe na razão algo que se pode exprimir pela palavra *direito político* e se, para homens que se encontram entre si no antagonismo da sua liberdade, este conceito tem uma força vinculante, por conseguinte, realidade objectiva (prática), sem ser preciso, no entanto, olhar pelo bem-estar ou pelo incómodo que daí lhes pode provir (e cujo conhecimento se funda apenas na experiência): então, baseia-se em princípios *a priori* (pois a experiência não pode ensinar o que é o direito), e há uma *teoria* do direito político, sem cuja consonância nenhuma prática é válida.

Ora, contra isto nada se pode alegar a não ser o seguinte: os homens podem, sem dúvida, ter na cabeça a ideia dos direitos que lhes são devidos, porém, em virtude da dureza do seu coração, seriam incapazes e indignos de ser tratados em conformidade com eles e, por conseguinte, só um poder supremo que proceda segundo regras de prudência os pode e deve manter na ordem. Este salto desesperado / *(salto mortale)* é de um tipo tal que, quando não se fala sequer do direito, mas apenas da força, o povo poderia também tentar a sua e assim tornar insegura toda a constituição legal. Se nada existe que pela razão force ao respeito imediato (como o direito dos homens), então, todas as influências sobre o arbítrio dos homens são impotentes para restringir a sua liberdade.

(*) «O juízo é titubeante, a experiência perigosa.»

/ A 268, 269, 270

SOBRE A EXPRESSÃO CORRENTE: ISTO PODE SER... | 101

Mas se, ao lado da benevolência, o direito fala em voz alta, então, a natureza humana não se mostra tão degenerada que a sua voz não se lhes faça ouvir com deferência. [*Tum pietate gravem meritisque si forte virum quem Conspexere, silent arrectisque auribus adstant* (*). Virgílio.]

III
**Da relação da teoria à prática no direito das gentes,
considerado do ponto de vista filantrópico universal,
isto é, cosmopolita ([27])
(Contra Moses Mendelssohn)**

Haverá que amar o género humano na sua totalidade ou é ele um objecto que se deve considerar com / desdém, ao qual sem dúvida (para não se tornar misantropo) se deseja todo o bem, mas nunca contudo se deve esperar nele, por conseguinte, será preciso antes desviar dele os olhos? – A resposta a esta pergunta funda-se na réplica que se der a uma outra: há na natureza humana disposições a partir das quais se pode inferir que a espécie progredirá sempre em direcção ao melhor, e que o mal dos tempos presentes e passados desaparecerá no bem das épocas futuras? Pois, se assim for, podemos amar a espécie, pelo menos na sua constante aproximação do bem; caso contrário, deveríamos votar-lhe o ódio ou o desprezo; em contrapartida, a afectação de um

---

(*) «Então, se virem porventura um homem distinto pela probidade e pelo mérito, calam-se e, fitando as orelhas, ficam de pé.»

([27]) Não se vê de imediato como é que uma pressuposição universalmente *filantrópica* aponta para uma / constituição *cosmopolita* e como esta, por sua vez, funda um *direito das gentes*, o único estado em que as disposições da humanidade que tornam a nossa espécie digna de amor se podem desenvolver de um modo conveniente. – A conclusão desta terceira secção mostrará este encadeamento.

/ A 270, 271 – Nota / A 270, 271

102 | A PAZ PERPÉTUA

universal amor dos homens (que seria então, quando muito, apenas um amor de benevolência, não de complacência), pode dizer o que quiser. Com efeito, ao que é e permanece mau, sobretudo na violação mútua premeditada dos direitos mais / sagrados do homem, não é possível – mesmo com o maior esforço por em si se obrigar ao amor – evitar o ódio, não justamente para fazer mal aos homens, mas para lidar o menos possível com eles.

Moses Mendelssohn era desta última opinião (*Jerusalém*, segunda secção, pp. 44 a 47), que ele contrapõe à hipótese do seu amigo *Lessing* acerca de uma educação divina do género humano. Para ele, é uma quimera: «que o todo, a humanidade aqui em baixo, deva na sucessão dos tempos ir sempre em frente e aperfeiçoar-se. – Vemos, diz ele, o género humano no seu conjunto fazer pequenas oscilações; e nunca dá alguns passos em frente sem logo a seguir retroceder duas vezes mais depressa para o seu estado anterior». (Tal é justamente o rochedo de Sísifo; e, tal como os indianos, toma-se assim a Terra como um lugar de expiação para pecados antigos, de que agora não mais se recordam.) – «O homem vai mais longe, mas a humanidade oscila constantemente entre limites fixos, para cima e para baixo; mas, considerada no seu conjunto, conserva em todas as épocas mais ou menos o mesmo nível de moralidade, a mesma / proporção de religião e de irreligião, de virtude e vício, de felicidade (?) e de miséria.» – Ele introduz estas afirmações (p. 46) ao dizer: «Quereis adivinhar quais as intenções que a Providência tem a respeito da humanidade? Não forjeis hipóteses.» (Antes chamara-lhes teoria.) «Vede apenas à vossa volta o que realmente acontece e, se puderdes abarcar com um olhar a história de todos os tempos, vede o que desde sempre aconteceu. Eis o facto; deve ter feito parte do seu desígnio, deve ter sido ratificado ou, pelo menos, admitido no plano da sabedoria.»

/ A 271, 272, 273

SOBRE A EXPRESSÃO CORRENTE: ISTO PODE SER... | 103

Sou de outra opinião. – Se é um espectáculo digno de uma divindade ver um homem virtuoso em luta com as contrariedades e as tentações para o mal e vê-lo, no entanto, oferecer resistência, é um espectáculo sumamente indigno, não direi de uma divindade, mas até do homem mais comum, porém bem pensante, ver o género humano a elevar-se de período para período à virtude e, logo a seguir, recair tão profundamente no vício e na miséria. Contemplar por um instante esta tragédia pode / talvez ser comovente e instrutivo, mas é preciso que por fim caia o pano. Efectivamente, com o tempo, isso torna-se uma farsa e embora os actores não se cansem porque são loucos, o espectador cansar-se-á; pois já tem que chegue num ou noutro acto, se puder supor com razões que a peça, sem nunca chegar ao fim, é a mesma incessantemente. O castigo que se segue no fim pode, sem dúvida, se é um simples espectáculo, transformar em aprazíveis, através do desenlace, as sensações desagradáveis. Mas deixar que na realidade vícios sem número (embora se lhes imiscuem virtudes) se amontoem uns sobre os outros, para que algum dia muito se possa castigar, é contrário, pelo menos segundo a nossa ideia, à moralidade de um sábio criador e governador do mundo.

Poderei, pois, admitir que, dado o constante progresso do género humano no tocante à cultura, enquanto seu fim natural, importa também concebê-lo em progresso para o melhor, no que respeita ao fim moral do seu ser, e que este progresso foi por vezes interrompido, mas jamais / cessará. Não sou obrigado a provar este pressuposto; o adversário é que tem de o demonstrar. Com efeito, apoio-me no meu dever inato, em todo o membro da série das gerações – em que eu (enquanto homem em geral) me encontro e, no entanto, com a constituição moral que me é exigida não sou e, por conseguinte, também podia ser tão bom como deveria – de actuar

/ A 273, 274, 275

104 | A PAZ PERPÉTUA

de tal modo sobre a descendência que ela se torne sempre melhor (para o que se deve também supor a possibilidade) e que assim semelhante dever se poderá transmitir regularmente de um membro das gerações a outro. Ora, é possível também que da história surjam tantas dúvidas quantas se quiserem contra as minhas esperanças que, se fossem comprovativas, poderiam incitar-me a renunciar a um trabalho que, segundo a aparência, é inútil; contudo, enquanto não for possível apenas certificar tudo isso, não me é permitido trocar o dever (como o *Liquidum)* pela regra de prudência (como o *Illiquidum,* porque é uma simples hipótese) de não visar o inexequível; e por mais incerto que eu possa sempre estar e permanecer sobre se importa esperar o melhor para o género humano isso não pode, no entanto, causar dano à máxima, por conseguinte, também não ao pressuposto / necessário da mesma numa intenção prática de que ele é factível.

A esperança de melhores tempos, sem a qual um desejo sério de fazer algo de útil ao bem geral jamais teria aquecido o coração humano, sempre teve influência na actividade dos que rectamente pensam; e o afável *Mendelssohn* teve também de ter isso em conta, ao esforçar-se com tanto zelo em prol da ilustração e da prosperidade da nação a que pertencia. Pois não podia racionalmente esperar que ele próprio e por sua conta apenas trabalhasse, se outros após ele não enveredassem pela mesma senda. No triste espectáculo não tanto dos males que, em virtude das causas naturais, oprimem o género humano, como dos que os homens fazem uns aos outros, o ânimo sente-se, porém, incitado pela perspectiva de que as coisas podem ser melhores no futuro e, claro está, com uma benevolência desinteressada, pois já há muito estaremos no túmulo e não colheremos os frutos que em parte temos semeado. As razões empíricas contrárias à obtenção destas

/ A 275, 276

SOBRE A EXPRESSÃO CORRENTE: ISTO PODE SER... | 105

resoluções inspiradas pela esperança são aqui inoperantes. Pois pretender que o que ainda / não se conseguiu até agora também jamais se levará a efeito não justifica sequer a renúncia a um propósito pragmático ou técnico (como, por exemplo, a viagem aérea com balões aerostáticos), e menos ainda a um propósito moral que, se a sua realização não for demonstrativamente impossível, se torna um dever. Além disso, há muitas provas de que o género humano no seu conjunto progrediu efectivamente e de modo notável sob o ponto de vista moral no nosso tempo, em comparação com todas as épocas anteriores (as paragens breves nada podem provar em contrário); e que o barulho acerca do irresistível abastardamento crescente da nossa época provém precisamente de que, por se encontrar num estádio superior da moralidade, tem diante de si um horizonte ainda mais vasto, e que o seu juízo sobre o que somos, em comparação com o que deveríamos ser, por conseguinte, a nossa autocensura se torna tanto mais severa quanto maior o número de estádios da moralidade que, no conjunto do curso do mundo de nós conhecido, já escalámos.

Se perguntarmos agora por que meios se poderia manter este progresso incessante para o melhor, e também acelerá-lo, depressa se vê que este sucesso, que mergulha numa lonjura / ilimitada, não depende tanto do que nós fazemos (por exemplo, da educação que damos ao mundo jovem) e do método segundo o qual devemos proceder, para produzir, mas do que a *natureza* humana fará em nós e connosco para nos *forçar* a entrar num trilho, a que por nós mesmos não nos sujeitaríamos com facilidade. Pois só dela, ou melhor, da *Providência* (porque se exige uma sabedoria superior para a realização deste fim) é que podemos esperar um sucesso que diz respeito ao todo e a partir dele às partes, uma vez que, pelo contrário, os homens com os seus *projectos* saem apenas

/ A 276, 277, 278

106 | A PAZ PERPÉTUA

das partes, mais ainda, permanecem apenas nelas e ao todo enquanto tal, que para eles é demasiado grande, podem sem dúvida estender as suas ideias, mas não a sua influência; e sobretudo porque eles, mutuamente adversos nos seus desígnios, com dificuldade se associariam em virtude de um propósito livre próprio.

Assim como a violência omnilateral e a miséria que daí deriva levaram necessariamente um povo à resolução de se submeter ao constrangimento que a própria razão lhe prescreve como meio, a saber, a lei pública, e a entrar / numa constituição *civil,* assim também a miséria resultante das guerras permanentes, em que os Estados procuram uma e outra vez humilhar ou submeter-se entre si, deve finalmente levá-los, mesmo contra vontade, a ingressar numa constituição *cosmopolita;* ou então, se um tal estado de paz universal (como várias vezes se passou com Estados demasiado grandes) é, por outro lado, ainda mais perigoso para a liberdade, porque suscita o mais terrível despotismo, esta miséria deve no entanto compelir a um estado que não é decerto uma comunidade cosmopolita sob um chefe, mas é no entanto um estado jurídico de *federação,* segundo um *direito das gentes* concertado em comum.

Com efeito, visto que o avanço da cultura dos Estados, com a simultânea propensão crescente para se engrandecerem à custa dos outros por meio da astúcia ou da violência, deve multiplicar as guerras e originar despesas cada vez mais elevadas por causa dos exércitos sempre mais numerosos (com soldo permanente), mantidos em pé e na disciplina, equipados de instrumentos bélicos sempre mais numerosos, enquanto o custo de todas as necessidades cresce constantemente sem que se possa esperar / um crescimento progressivo e a elas proporcionado dos metais que as representam; nenhuma paz dura também o suficiente de modo a permitir que a economia

/ A 278, 279, 280

SOBRE A EXPRESSÃO CORRENTE: ISTO PODE SER... | 107

iguale, enquanto ela dura, as despesas para a guerra seguinte, contra a qual a invenção das dívidas públicas é decerto um remédio engenhoso mas, ao fim e ao cabo, auto-aniquilador: pelo que, o que a boa vontade deveria ter feito mas não fez, fá-lo-á por fim a impotência: que todo o Estado esteja de tal modo internamente organizado que não seja o chefe de Estado, a quem a guerra nada custa (porque a subvenciona à custa de outrem, a saber, do povo), mas o povo, que a paga, a ter o voto decisivo sobre se deve ou não haver guerra (para o que se deve decerto pressupor necessariamente a realização da ideia do contrato originário). Com efeito, o povo guardar-se-á, por simples desejo de expansão ou por causa de pretensos insultos meramente verbais, de incorrer no perigo da indigência pessoal, que não afecta o chefe.

E deste modo, também a posteridade (sobre a qual não devem pesar encargos que ela não mereceu) poderá sempre progredir para o melhor, / mesmo no sentido moral, sem que a causa disso seja o amor por ela, mas apenas o amor de cada época por si própria: pois toda a comunidade, incapaz de prejudicar outra pela violência, se deve agarrar apenas ao direito e pode com fundamento esperar que outros, assim igualmente configurados, virão em seu auxilio.

Contudo, isto é simplesmente uma opinião e uma mera hipótese: é incerta como todos os juízos que, a um efeito intentado, mas não inteiramente em nosso poder, querem atribuir a única causa natural que lhe é adequada; e, mesmo enquanto tal, não contém num Estado já existente um princípio que permita ao súbdito impô-lo à força (como antes se mostrou), mas semelhante princípio incumbe apenas aos chefes livres de todo o constrangimento. Embora não pertença certamente à natureza do homem, segundo a ordem habitual, ceder livremente o seu poder, isso não é contudo impossível em circunstâncias prementes, de modo

/ A 280, 281

108 | A PAZ PERPÉTUA

que se pode considerar uma expressão não inadequada dos desejos e esperanças morais dos homens (na consciência da sua impotência) esperar da *Providência* as circunstâncias para tal requeridas; a qual proporcionará ao fim da *humanidade* no conjunto da sua espécie, para a obtenção do seu destino verdadeiro, mediante o / livre uso das suas forças, segundo o seu alcance, um desenlace, a que se opõem justamente os fins dos *homens* individualmente considerados. Pois é precisamente o conflito das tendências entre si, de que promana o mal, que fornece à razão um livre jogo para todas a subjugar; e, em vez do mal, que se destrói a si mesmo, fazer reinar o bem que, uma vez existente, se mantém por si mesmo daí em diante.

*

*   *

Em nenhum lugar a natureza humana aparece menos digna de ser amada do que nas relações mútuas entre povos inteiros.

Nenhum Estado, em relação a outro, se encontra um só instante seguro quanto à sua independência ou propriedade. A vontade de se subjugarem uns aos outros ou de empequenecer o que é seu está aí sempre presente e o armamento para a defesa, que muitas vezes torna a paz ainda mais opressiva e mais prejudicial para a prosperidade interna do que a própria guerra, jamais pode afrouxar. Ora, para tal situação nenhum outro remédio é possível a não ser (por analogia com o direito / civil ou político dos homens singulares) o direito das gentes, fundado em leis públicas apoiadas no poder, às quais cada Estado se deveria submeter; pois uma paz universal duradoira, graças ao assim chamado *equilíbrio das potências na*

/ A 281, 282, 283

SOBRE A EXPRESSÃO CORRENTE: ISTO PODE SER... | 109

Europa, é como a casa de *Swift,* que fora construída por um arquitecto de um modo tão perfeito, segundo todas as leis do equilíbrio, que imediatamente ruiu quando um pardal em cima dela poisou: é uma pura quimera. – Mas, dir-se-á, «jamais os Estados se submeterão a tais leis coercivas; e o projecto de um Estado universal dos povos, a cujo poder se devem sujeitar livremente todos os Estados para obedecer às suas leis, pode soar agradavelmente na teoria de um *Abbé de St. Pierre* ou de um *Rousseau,* mas não vale para a prática: pois, foi também em todos os tempos escarnecido por grandes estadistas e ainda mais pelos chefes de Estado como uma ideia pedante e pueril, saída da escola».

Da minha parte, pelo contrário, confio na teoria, que dimana do princípio de direito sobre o que *deve ser* a relação entre os homens e os Estados, e que recomenda aos deuses da Terra a máxima de sempre procederem nos seus conflitos de maneira a introduzir-se assim um tal Estado universal dos povos / e a supor também que ele é possível *(in praxi)* e que *pode existir;* mas, ao mesmo tempo, confio também *(in subsidium)* na natureza das coisas, que obriga a ir para onde de bom grado se não deseja *(fata violentem ducunt noletem trahunt)* (*), pois nesta última é também a natureza humana que se tem em conta: a qual, já que nela permanece sempre ainda vivo o respeito pelo direito e pelo dever, não posso ou quero considerar tão mergulhada no mal que a razão moral prática, após muitas tentativas falhadas, não acabe finalmente por triunfar, e a deva também apresentar como digna de ser amada. Pelo que, do ponto de vista cosmopolita, se persiste também na afirmação: O que por razões racionais vale para a teoria, vale igualmente para a prática.

(*) «O destino guia o que lhe obedece, arrasta quem lhe resiste.»

/ A 283, 284

/ O fim de todas as coisas

(1794)

É uma expressão habitual, sobretudo na linguagem religiosa, atribuir a um homem que está a morrer a expressão de que vai *do tempo para a eternidade.*

Esta expressão nada de facto diria se por *eternidade* se entendesse aqui um tempo que se estende até ao infinito; porque assim o homem nunca sairia do tempo, mas passaria sempre de um para outro. Por conseguinte, deve por ela entender-se um *fim de todo o tempo,* com a ininterrupta duração do homem. Mas tal duração (olhada a sua existência como grandeza) deve, no entanto, considerar-se como uma grandeza totalmente incomparável *(duratio noumenon)* com o tempo, da qual, sem dúvida, não podemos fazer nenhum conceito (a não ser simplesmente negativo). – Esta ideia tem em si algo de atroz, porque conduz, por assim dizer, à beira de um abismo do qual, para quem nele se despenha, nenhum retorno é possível («No severo lugar, que nada atrás deixa volver, o segura a eternidade com fortes braços», *Haller);* e, contudo, este pensamento tem também algo de atraente, pois não se pode

---

/ A 495, 496

deixar de para aí dirigir sempre o olhar aterrorizado [*nequeunt expleri corda tuendo* (*), Virgílio]. É o *sublime* terrível, em parte pela sua obscuridade, em que a imaginação costuma agir com maior poder do que na claridade da luz. Por fim, deve também entrelaçar-se de um modo admirável com a razão humana universal, porque com ele se depara revestido de uma ou de outra maneira no meio de todos os povos capazes de raciocinar, e em todas as épocas. – Ao observarmos a passagem do tempo à eternidade (ideia que, no plano teórico, considerada como ampliação do conhecimento pode ter ou não realidade objectiva), tal como a razão a representa para si na perspectiva moral, embatemos no *fim de todas as coisas,* enquanto seres no tempo e objectos de possível / experiência. Tal fim [*Ende*] é, porém, na ordem moral dos fins [*Zwecke*] ao mesmo tempo o começo de uma persistência dessas mesmas coisas enquanto *supra-sensíveis,* por conseguinte, como seres não sujeitos às condições temporais e, portanto, eles e o seu estado não são susceptíveis de nenhuma outra determinação da sua natureza, excepto a determinação moral.

Os *dias* são, por assim dizer, filhos do tempo porque o dia seguinte, com o seu conteúdo, é produto do anterior. Assim como o último filho dos seus pais se chama o filho mais novo [*jüngstes Kind*], assim a nossa língua [o alemão] teve gosto em chamar ao último dia o *dia novíssimo* [*jüngste Tag*] [o dia do Juízo Final]. Tal dia pertence, pois, ainda ao tempo, porque nele *acontece* ainda alguma coisa (não pertencente à eternidade, onde nada mais acontece, porque seria a continuação do tempo): a saber, a prestação de contas pelo homem em relação ao seu comportamento em toda a sua vida temporal. É *um dia de Juízo;* o veredicto do perdão ou da condenação pronunciado pelo Juiz do Mundo é, pois, o fim verdadeiro

---

(*) «Não conseguem os corações saciar-se de ver.»

/ A 496, 497

O FIM DE TODAS AS COISAS | 113

de todas as coisas no tempo e, simultaneamente, o começo da eternidade (bem-aventurada ou infeliz) em que a sorte a cada um repartida permanece tal como lhe foi declarada no instante do veredicto (da sentença). / Assim, o dia novíssimo contém também em si, ao mesmo tempo, o *juízo final.* – Se, porém, entre as *últimas coisas* se deve contar também o fim do mundo, tal como este nos surge na sua forma actual, a saber, a queda das estrelas do céu, como uma abóbada, o desmoronamento do próprio céu (ou o seu escapamento como um livro embrulhado), o incêndio de ambos, a criação de um novo céu e de uma nova terra para morada dos bem-aventurados, e do inferno para lugar dos condenados, então, esse dia do Juízo não seria, sem dúvida, o último dia, mas muitos outros diversos se lhe seguiriam. Mas visto que a ideia de um fim de todas as coisas tira a sua origem, não do raciocínio sobre o curso *físico,* mas sobre o curso moral das coisas no mundo e só assim é suscitada, este último curso pode apenas relacionar--se com o supra-sensível (compreensível apenas no campo da moralidade), tal como também a ideia da eternidade. Pelo que a representação das últimas coisas que devem ocorrer *após* o dia novíssimo só pode considerar-se como uma materialização deste último, juntamente com as suas consequências morais, de resto, não teoricamente conceptualizáveis para nós.

/ Importa, porém, notar que desde os tempos mais antigos existiram dois sistemas referentes à eternidade futura: um, o dos *unitários,* que atribui a *todos* os homens (purificados por penitências mais ou menos longas) a beatitude eterna; o outro, o dos *dualistas* ([28]), que adjudica a alguns

---

([28]) Um tal sistema baseava-se na antiga religião persa (de Zoroastro) na suposição de dois seres primordiais concebidos em eterna luta um com o outro: o princípio bom, *Ormuzd,* e o mau, *Ahriman.* – É extraordinário que a língua de dois países muitos afastados um do outro, e ainda mais

---

/ A 497, 498, 499 – Nota / A 499

114 | A PAZ PERPÉTUA

eleitos a bem-aventurança, / e a todos os restantes, porém, a condenação eterna. Com efeito, um sistema segundo o qual todos seriam destinados à condenação não poderia ter lugar porque, de outro modo, não haveria nenhuma razão justificativa por que é que em geral teriam sido criados; *a aniquilação* de todos indicaria, porém, uma sabedoria falhada que, insatisfeita com a sua própria obra, não conhece nenhum outro meio para remediar as suas deficiências senão destruí-la. – Aos dualistas depara-se, apesar de tudo, sempre a mesma dificuldade que impede pensar numa condenação eterna de todos os homens, porquanto se poderia perguntar: para que é que se criaram uns poucos, ou mesmo por que é que se teria criado apenas um só se ele houvesse de existir unicamente para ser votado à condenação eterna? Não é isso muito pior do que não existir de todo?

Sem dúvida, tanto quanto o discernimos, tanto quanto a nós próprios nos podemos indagar, o sistema dualista (mas só sob a direcção de um ser originário sumamente bom) tem em si um princípio preponderante, do ponto de vista *prático,* para cada homem a si mesmo se julgar (embora não tenha competência para julgar os outros). Com efeito, tanto quanto a si mesmo se conhece, a razão não lhe deixa mais nenhuma outra vista sobre a eternidade a não ser a que a sua própria

---

afastados da actual língua alemã, na designação desses dois seres primordiais seja o alemão. Lembro-me de ter lido em *Sonnerat* que em *Ava* (no país dos Birmanes) o princípio bom se chamava *Godeman* (palavra que parece também encontrar-se no nome Darius Godomannus); e visto que a palavra Ahriman tem um som análogo a *arge Mann* (homem mau), o persa actual contém também uma certa quantidade de palavras originalmente alemãs, pode constituir uma tarefa para os investigadores da Antiguidade rastrear o fio condutor do parentesco linguístico até à origem dos actuais conceitos *religiosos* de muitos povos.

[Cf. *Sonnerats Reise*, Livro 2, Cap. 2. B.]

/ A 499, 500

O FIM DE TODAS AS COISAS | 115

consciência moral lhe abre no fim da vida, a partir do modo de vida / que até então levou. Mas, para fazer do sistema dualista um *dogma,* por conseguinte, para o transformar numa proposição teórica em si mesma (objectivamente) válida, ele é muitíssimo insuficiente enquanto simples juízo da razão. Pois, que homem se conhece a si mesmo, quem é que conhece os outros tão perfeitamente para decidir se quando separa das causas do seu modo de vida pretensamente bem conduzido tudo o que se chama o mérito da felicidade, por exemplo, o seu temperamento benigno congénito, a força natural maior das suas potências superiores (do entendimento e da razão, para dominar os seus impulsos), além disso, também ainda a oportunidade pela qual o acaso lhe poupou felizmente muitas provações que afectaram outrem; se separar tudo isso do seu verdadeiro carácter (como necessariamente deve descontar para a este valorizar de um modo justo porque, enquanto dom feliz, não o pode atribuir ao seu próprio mérito), quem quererá então decidir, digo eu, se aos olhos que tudo vêem do Juiz Universal um homem, segundo os seus valores morais íntimos, tem ainda alguma superioridade em relação a outrem? Não seria, talvez, uma presunção absurda em tão / superficial autoconhecimento proferir um juízo tanto em vantagem própria sobre o seu valor moral (e o destino merecido) como sobre o de qualquer outro indivíduo? – Por conseguinte, o sistema dos unitários bem como o dos dualistas, considerados ambos como dogmas, parecem superar inteiramente o poder especulativo da razão humana e reconduzir-nos a limitar aquelas ideias da razão apenas às condições do uso prático. Com efeito, diante de nós, nada vemos que desde já nos possa informar sobre o nosso destino num mundo futuro, a não ser o juízo da própria consciência moral, isto é, o que o nosso presente estado moral, tanto quanto o conhecemos, nos permite a este respeito julgar de um modo racional; a

/ A 500, 501, 502

116 | A PAZ PERPÉTUA

saber, que princípios da nossa conduta vital, que encontrámos em nós dominando até ao seu termo (quer sejam princípios do bem ou do mal), também depois da morte continuarão a ser predominantes, sem que tenhamos a mínima razão para supor uma modificação dos mesmos naquele futuro. Devemos, por conseguinte, também nós esperar / para a eternidade as consequências correspondentes ao mérito ou à culpa sob o domínio do bom ou do mau princípio. Nesta perspectiva, é, pois, prudente agir como se uma outra vida, e o estado moral com que terminamos a presente juntamente com as suas consequências, fosse inalterável com a entrada nela. Do ponto de vista prático, o sistema que se deve admitir será, portanto, o dualista, sem contudo querer decidir qual dos dois, na perspectiva teórica e meramente especulativa, merece a preferência, tanto mais que o unitário parece embalar-nos excessivamente numa certeza indiferente.

Mas por que é que os homens esperam *em geral um fim do mundo?* E se este lhes for concedido, porquê justamente um fim acompanhado de terror (para a maior parte do género humano)?... O fundamento da *primeira* questão parece consistir em que a razão lhes diz que a duração do mundo só tem valor na medida em que os seres racionais são nele adequados ao fim último da sua existência; se tal fim último não houvesse de alcançar-se, a própria criação parecer-lhes-ia privada de finalidade: como um espectáculo que não tem nenhum desfecho e não dá a conhecer nenhuma intenção racional. A *última* questão funda-se na opinião acerca da natureza corrompida do género / humano ([29]), que seria imensa até à perda da

---

([29]) Em todos os tempos, sábios (ou filósofos) que tais se julgam, sem a disposição de se dignarem ter em conta o lado bom da natureza humana, esgotaram-se a fazer comparações adversas e, em parte, repugnantes para representar de um modo abjecto o nosso mundo terreno, a morada dos homens. 1) Como uma *hospedaria* (caravançará), no juízo

---

/ A 502, 503, 504 – Nota / A 504, 505

O FIM DE TODAS AS COISAS | 117

esperança. Dar um fim ao género humano e, claro está, um fim horrível / seria a única medida adequada à suprema sabedoria e justiça (segundo a maioria dos homens). – Por isso, os *sinais precursores do Juízo Final* (pois, como é que uma imaginação excitada por uma grande espera iria ficar sem sinais e maravilhas?) são todos de natureza aterrorizante. Uns vêem-nos na injustiça prevalecente, na opressão dos pobres pelo insolente deboche dos ricos e na perda / universal da fidelidade e da fé; ou nas guerras sangrentas que se incendeiam em todos os confins da Terra, etc., numa palavra, na decadência moral e no rápido crescimento de todos os vícios, juntamente com os males que os acompanham, tais que, como crêem, os tempos antigos nunca viram. Outros,

---

de um dervixe: onde cada hóspede, na sua viagem da vida, deve compreender que bem depressa será expulso por outro que se lhe segue. 2) Como uma *penitenciária;* apreciam esta opinião os sábios brâmanes, tibetanos e outros do Oriente (até mesmo Platão): um lugar de punição e purificação dos espíritos expulsos do céu, almas humanas ou animais no estado presente. 3) Como um *manicómio,* onde não só cada qual aniquila as suas próprias intenções, mas um causa ao outro todo o sofrimento imaginável e, além disso, considera como a maior honra a habilidade e o poder de fazer isso. Finalmente, 4) como uma *cloaca,* para onde se arremessa toda a imundície dos outros mundos. A última concepção é de certa maneira original e deve-se a um humorista persa que transpôs para o céu o paraíso, a morada do primeiro casal humano, em cujo jardim / se encontravam bastantes árvores fornecidas de muitos e esplêndidos frutos; o que sobrava desaparecia por uma imperceptível evaporação. Exceptuava-se uma única árvore no meio do jardim, que produzia um fruto sem dúvida atraente, mas não transudava. Visto que os nossos primeiros pais se deixaram tentar por ele sem atender à proibição de o saborear, não houve outra saída para que não manchassem o céu senão a de um anjo que lhes mostrou de longe a Terra com as seguintes palavras: «Eis a latrina de todo o universo» e, logo a seguir, os conduziu para ali a fim de satisfazerem as suas necessidades; e após os ter abandonado, regressou ao céu. Assim teria surgido na Terra o género humano.

/ A 504, 505, 506 – Nota / A 504, 505

118 | A PAZ PERPÉTUA

pelo contrário, contemplam o fim em estranhas transformações da natureza em terramotos, tempestades e inundações,
ou em cometas e prodígios atmosféricos.

Na realidade, os homens sentem, não sem causa, o fardo
da sua existência, embora sejam eles próprios a causa deles.
A razão disso parece-me residir aqui. – Naturalmente, com
os progressos do género humano, a cultura dos talentos, da
destreza e do gosto (com a sua consequência, a opulência)
leva a melhor sobre o desenvolvimento da moralidade; e semelhante estado é justamente o mais gravoso e o mais perigoso, tanto para os bons costumes como para o bem-estar físico,
porque as necessidades crescem muito mais rapidamente do
que os meios para as satisfazer. Mas a disposição moral da
humanidade, que [como a *poena pede claudo* (*) horaciana] vai
sempre atrás dela claudicando, há-de um dia (como se pode
bem esperar / sob a orientação de um sábio governador do
mundo) ultrapassá-la a ela, a humanidade, que, na sua corrida
apressada, se perde e muitas vezes tropeça; deve, pois, nutrir-
-se a esperança, mesmo após a demonstração experimental da
superioridade da moralidade da nossa época em comparação
com todas as anteriores, de que o Juízo Final terá lugar mais
como a viagem ao céu de Elias do que com uma descida aos
infernos, semelhante à da facção de Coret, e irá trazer consigo
o fim de todas as coisas na Terra. Só que esta fé heróica na
virtude não parece ter subjectivamente uma influência tão
poderosa e universal sobre os espíritos a fim de os levar à
conversão, como a fé numa aparição acompanhada de terror,
que se concebe como antecipando as últimas coisas.

(*) «O castigo, com o pé coxo.»

/ A 506, 507

O FIM DE TODAS AS COISAS

| 119

*

*   *

Observação: lidamos (ou jogamos) aqui apenas com ideias que a razão cria para si mesma, cujos objectos (quando os têm) se situam totalmente para além do nosso círculo de visão; embora excedam o conhecimento especulativo, nem por isso, no entanto, se devem considerar como vazias em todas as relações, mas, do ponto vista prático, são-nos dadas pela própria razão legisladora, não para cismarmos acerca dos seus objectos, sobre o que são em si e segundo a sua natureza, / mas para as pensarmos em vista dos princípios morais dirigidos para o fim último de todas as coisas (e assim elas, que de outro modo seriam inteiramente vazias, obtêm uma realidade prática objectiva): – temos assim diante de nós um campo *livre* para dividir este produto da nossa própria razão, a saber, o conceito universal de um fim de todas as coisas segundo a relação que ele tem com a nossa faculdade de conhecimento, e classificar as ideias que lhe estão subordinadas.

O conjunto, segundo isso, divide-se: 1) no fim *natural* ([30]) de todas as coisas, segundo a ordem do fim moral da sabedoria divina, que nós (do ponto de vista prático) podemos *bem conhecer;* 2) no fim *místico* (sobrenatural) das mesmas, na ordem das causas eficientes, acerca das quais *nada / compreendemos;* 3) no fim *antinatural* (invertido) de todas as coisas por nós próprios suscitado, porque *entendemos mal* o

---

([30]) Chama-se *(formaliter) natural* o que se segue necessariamente segundo as leis de uma certa ordem, sejam elas quais forem; por conseguinte, também as morais (portanto, não apenas as físicas). Ao natural contrapõe-se o *não-natural,* que pode ser ou o sobrenatural, ou o contranatural. O que é necessário, em virtude de *causas naturais,* deveria representar-se também como *materialiter natural* (fisicamente necessário).

/ A 507, 508, 509 – Nota / A 509

120 | A PAZ PERPÉTUA

fim último. Tais fins propõem-se nas três secções, de que a primeira acabou já de ser tratada e nos falta ainda seguir as outras duas.

*

* *

No *Apocalipse* (X, 5-6), «um anjo levanta a sua mão ao céu e jura por Aquele que vive eternamente, que criou o céu, etc., *que doravante não haverá mais tempo*».

Se não se admitir que este anjo «com a sua voz de sete trovões» (V, 3) quis gritar uma absurdidade, deve com isso ter querido dizer que doravante não haverá *modificação* alguma; pois se no mundo existisse ainda alteração, existiria ainda também o tempo, porque aquela pode apenas ter lugar no tempo e sem o seu pressuposto não pode pensar-se.

Representa-se, pois, aqui um fim de todas as coisas como objecto dos sentidos, do qual não podemos fazer conceito algum: porque nos perdemos inevitavelmente em contradições quando queremos dar um único passo do / mundo dos sentidos para o inteligível. É o que, deste modo, aqui acontece, porque o instante que constitui o fim do primeiro deve igualmente ser o início do outro e, portanto, este deve inserir-se como aquele numa única e mesma série temporal – o que é contraditório.

Mas dizemos também que pensamos uma duração como *infinita* (como eternidade), não porque tenhamos, por exemplo, um conceito definível da sua grandeza – isso é impossível, visto que lhe falta totalmente o tempo como medida dela –, mas porque aquele conceito é apenas um conceito negativo da duração eterna, pois onde não há tempo também não pode existir *fim algum,* pelo que não avançamos um palmo

/ A 509, 510

O FIM DE TODAS AS COISAS | 121

no nosso conhecimento, mas dir-se-á apenas que a razão, no propósito (prático) de atingir o fim último, jamais se satisfaz no caminho das constantes transformações; e quando o busca com o princípio da inacção e da imutabilidade do estado dos entes mundanos, também não se satisfaz no tocante ao seu uso *teórico,* mas enredar-se-ia antes na total ausência de pensamento. Nada lhe resta então a não ser pensar numa transformação que se prossegue até ao / infinito (no tempo), em constante progresso para um fim último, progresso em que *a disposição de ânimo* (a qual não é, como aquele, um fenómeno, mas algo de supra-sensível, por conseguinte, invariável no tempo) permanece e é firmemente a mesma. A regra do uso prático da razão nada mais significa, segundo esta ideia, do que o seguinte: devemos tomar a nossa máxima como se, em todas as modificações que se estendem até ao infinito, desde o bom ao melhor, o nosso estado moral não se submetesse, segundo a disposição de ânimo (o *homo noumenon,* «cuja peregrinação é no céu») a nenhuma alteração no tempo.

Mas pensar que algum dia há-de irromper um ponto do tempo em que cessa toda a transformação (e com ela o próprio tempo) é uma representação que revolta a imaginação; pois, então, a natureza inteira se tornaria rígida e, por assim dizer, petrificada; o último pensamento e o último sentimento ficariam então fixos no sujeito pensante e seriam sempre os mesmos sem mudança. Para um ser que só no tempo se pode tornar consciente da sua existência e da grandeza da mesma (enquanto duração), semelhante vida, ainda que se possa chamar outra vida, deve afigurar-se análoga à aniquilação, pois um ser / para se pensar em tal estado deve, portanto, pensar em geral em alguma coisa; mas o *pensar* contém um reflectir que só pode ocorrer no tempo. – Os habitantes do outro mundo são, pois, representados segundo a diver-

/ A 510, 511, 512

122 | A PAZ PERPÉTUA

sidade do lugar que habitam (o céu ou o inferno), como se entoassem sempre a mesma canção, o seu Aleluia, ou os mesmos lamentos eternos (XIX, 1-6, XX, 15) – por esse meio se deve indicar a completa ausência de toda a mudança no seu estado.

No entanto, esta ideia, por mais que ultrapasse a nossa capacidade de apreensão, tem um parentesco estreito com a razão na relação prática. Mesmo se aqui na vida admitirmos o estado moral e físico do homem nas melhores condições, a saber, o de um contínuo progresso e aproximação ao bem supremo (para ele estabelecido como objectivo), não pode apesar de tudo (mesmo com a consciência e mutabilidade da sua disposição) ligar a *satisfação* com a perspectiva de uma modificação eternamente duradoira do seu estado (tanto moral como físico). Com efeito, o estado em que agora se encontra continua a ser sempre um mal em comparação com o melhor, para cujo ingresso se / prepara; e a representação de um progresso infinito em direcção ao fim último é ao mesmo tempo a perspectiva de uma série infinita de males que, embora sejam certamente superados pelo maior bem, impedem a ocorrência da satisfação, a qual ele só pode pensar para si mediante a obtenção derradeira do fim último.

O homem que a este respeito se põe a magicar enreda-se na *mística* (pois a razão, em virtude de não se contentar facilmente com o seu uso imanente, isto é, prático, mas de bom grado se aventurar a algo de transcendente, tem também os seus mistérios), onde a sua razão não se compreende nem a si mesma nem o que quer, mas prefere o devaneio em vez de se conservar, como convém a um habitante intelectual do mundo sensível, dentro dos limites deste. Daí deriva a monstruosidade do sistema de *Laokiun* sobre o *bem supremo*, que deve consistir no *nada:* isto é, na consciência de se *sentir* absorvido no abismo da divindade através da fusão com ela

/ A 512, 513

O FIM DE TODAS AS COISAS | 123

e, por conseguinte, mediante a aniquilação da sua personalidade: para terem a sensação prévia de semelhante estado, os filósofos chineses / esforçam-se, em quartos escuros e com os olhos fechados, por pensar e sentir este *nada*. Daí o *panteísmo* (dos Tibetanos e de outros povos orientais) e o *espinosismo* gerado em seguida a partir da sublimação metafísica daquele. Ambos se irmanam intimamente com o antiquíssimo *sistema da emanação* de todas as almas humanas a partir da divindade (e da sua derradeira reabsorção na mesma). Tudo isto apenas para que os homens possam finalmente fruir de uma *tranquilidade eterna,* que para eles constitui o suposto fim bem-aventurado de todas as coisas; na realidade, é um conceito com o qual se extingue para eles, ao mesmo tempo, o entendimento e todo o pensamento.

*

*   *

O fim [*Ende*] de todas as coisas que passam pela mão dos homens é, mesmo nos seus fins [*Zwecke*] bons, uma *loucura;* é o uso de meios para fins que a estes são directamente contrários. A *sabedoria,* isto é, a razão prática na adequação das suas medidas plenamente correspondentes ao fim último de todas as coisas, ao bem supremo, só existe em Deus; e só o não agir visivelmente antagónico à ideia dela é que se poderia / chamar mais ou menos a sabedoria humana. Mas a garantia contra a insensatez, que o homem só pode esperar alcançar por tentativas e frequente modificação dos seus planos, é mais «uma jóia que até o melhor dos homens só pode perseguir a ver se, porventura, a *pode agarrar*», mas nunca deve ter a persuasão egoísta de a ter agarrado e, muito menos ainda, proceder como se dela se *tivesse já apoderado*. – Daí também

---

/ A 513, 514, 515

124 | A PAZ PERPÉTUA

os projectos que se modificam de época para época, muitas vezes contraditórios, de meios convenientes para tornar *mais pura e ao mesmo tempo mais poderosa a religião num povo inteiro*, de tal modo que se pode bem exclamar: pobres mortais, nada em vós é estável a não ser a instabilidade!

Se, contudo, com estas tentativas houve finalmente progresso até ao ponto de a comunidade conseguir e se inclinar a dar ouvidos, não só às doutrinas piedosas tradicionais, mas também à razão prática por elas esclarecida (como é absolutamente necessário a uma religião); se (à maneira humana) os sábios, no meio do povo, fazem projectos sem ser por estipulações estabelecidas entre si (como se formassem um clero), mas como concidadãos e concordam assim na maior parte em demonstrar de modo / insuspeitável que, para eles, se trata da verdade; e o povo também na totalidade (embora não nos mínimos pormenores) toma interesse pela exigência geralmente sentida e não baseada na autoridade do necessário cultivo da sua disposição moral, então, nada mais parece aconselhável do que deixá-los fazer e continuar no seu curso, pois, no tocante à *ideia* que perseguem, eles estão no bom caminho. Mas, no que concerne ao êxito dos meios escolhidos em vista do melhor fim último, tal êxito, em virtude de poder não ter lugar segundo o curso da natureza, continua sempre inseguro, é aconselhável deixá-lo à *Providência*. Com efeito, por mais *incrédulo* que se queira ser, quando é absolutamente impossível prever com certeza o êxito decorrente de certos meios empregues segundo toda a sabedoria humana (que, para merecer tal nome, deve apenas dirigir-se para o campo moral), importa contudo crer, de modo prático, no concurso da sabedoria divina na marcha da natureza, a não ser que se prefira renunciar ao seu fim último. – Sem dúvida, objectar-se-á: já muitas vezes se disse que o plano presente é o melhor; há que nele doravante / permanecer para sempre; isto é já

/ A 515, 516, 517

O FIM DE TODAS AS COISAS | 125

um estado para a eternidade. «Quem (segundo este conceito) é bom é sempre bom, e quem (contra tal conceito) é mau é sempre mau.» *(Apoc.,* XX, 11.) É como se a eternidade, e com ela o fim de todas as coisas, já agora tivesse acontecido; – e, no entanto, desde então se propuseram sempre novos planos, entre os quais o mais novo é, muitas vezes, apenas o restabelecimento de um antigo, e também não faltarão para o futuro *mais* projectos *últimos.*

Estou de tal modo consciente da minha incapacidade de aqui fazer uma nova e feliz tentativa, que preferia antes dar este conselho para o qual, sem dúvida, não se requer uma grande capacidade de invenção: deixar as coisas como finalmente estão e se revelaram suportavelmente boas nas suas consequências, durante quase uma geração. Mas visto que esta opinião poderia não ser a dos homens de grande ou de empreendedor espírito, seja-me permitido observar modestamente não tanto o que teriam de fazer, mas aquilo a cuja infracção deveriam prestar atenção porque, de outro modo, iriam agir contra a sua própria intenção (mesmo que esta fosse a melhor).

/ O Cristianismo, além da maior consideração que a santidade das suas leis irresistivelmente infunde, tem ainda em si algo *digno de amor* (não estou aqui a referir-ma à amabilidade da pessoa que nos ganhou para si com grande sacrifício, mas à própria coisa, a saber, a constituição moral que Ele fundou; pois aquela amabilidade só desta pode derivar). O respeito é, sem dúvida, o que vem em primeiro lugar, porque sem ele também não existe amor verdadeiro algum, embora sem amor se possa, no entanto, nutrir grande consideração por alguém. Mas quando não se trata apenas da representação do dever, mas do cumprimento do dever, quando se inquire o fundamento subjectivo das acções do qual, se for possível prevê-lo, se deve esperar primeiro o que o homem fará e não

/ A 517, 518

126 | A PAZ PERPÉTUA

apenas o fundamento objectivo, isto é, o que ele deve fazer; o amor é então, enquanto livre acolhimento da vontade de outrem submetido às suas máximas, um complemento indispensável da imperfeição da natureza humana (para tornar necessário o que a razão prescreve por meio da lei): pois o que alguém não faz de bom grado fá-lo de modo tão mesquinho e também com pretextos sofísticos sobre o / mandamento do dever que não se poderia contar muito com este enquanto móbil, sem a participação do amor.

Quando ao Cristianismo, para o tornar muito bom, se acrescenta ainda alguma autoridade (mesmo se fosse a divina), por mais bem intencionado que seja o propósito dela e ainda que seja realmente bom o seu fim, esvanece-se assim no entanto a sua amabilidade, pois *ordenar* a alguém que não só faça alguma coisa, mas também que a faça de *bom grado,* é uma contradição.

O Cristianismo tem em vista fomentar o amor à observância de seu dever em geral e também o suscita, porque o seu fundador não fala na qualidade de um comandante que exige obediência à sua vontade, mas na qualidade de um amigo dos homens que põe no coração dos seus semelhantes a própria vontade deles bem entendida, isto é, segundo a qual eles por si mesmos agiriam livremente, se se examinassem como é justo.

É, portanto, do modo de pensar *liberal* – igualmente distante do sentimento servil e da ausência de vínculo – que o Cristianismo espera resultados para a sua doutrina, pela qual se pode ganhar para si os corações / dos homens, cujo entendimento já está iluminado pela representação da lei do seu dever.

O sentimento da liberdade na escolha do fim último é o que lhes torna digna de amor a legislação. – Por conseguinte, embora o seu mestre anuncie também *castigos*, isso não se

/ A 518, 519, 520

O FIM DE TODAS AS COISAS | 127

deve compreender, pelo menos não é adequado à natureza peculiar do Cristianismo explicá-lo como se tais castigos houvessem de tornar-se o móbil para o cumprimento dos Mandamentos; com efeito, se assim fosse, o Cristianismo deixaria de ser digno de amor. Mas isto deve interpretar-se apenas como uma advertência afectuosa, proveniente da boa-vontade do legislador, para que os homens se guardem do dano que proviria inevitavelmente da violação da lei [pois, *lex est res surda et inexorabilis* (*), Lívio]; porque o que aqui ameaça não é o Cristianismo enquanto máxima de vida livremente aceite, mas a lei. A lei, enquanto ordem invariável que reside na natureza das coisas, não deixa ao arbítrio do próprio Criador decidir desta ou daquela maneira as suas consequências.

Quando o Cristianismo promete *recompensas* (por exemplo, «Alegrai-vos e confortai-vos, no céu / tudo vos será retribuído»), isso não deve interpretar-se, segundo o modo de pensamento liberal, como se fosse uma proposta a fim de, por assim dizer, subornar os homens em vista de uma conduta vital boa, pois então o Cristianismo deixaria novamente de ser por si mesmo digno de amor. Apenas uma exigência das acções que brotam de motivos desinteressados se pode opor a quem faz a exigência de impor respeito ao homem; mas sem reverência não existe nenhum verdadeiro amor. Por conseguinte, não se deve atribuir àquela promessa o sentido de que as recompensas se deveriam considerar como o móbil das acções. O amor pelo qual um modo de pensar liberal se prende a um benfeitor não se guia pelo bem que o necessitado recebe, mas orienta-se apenas segundo a bondade da *vontade* de quem está inclinado a reparti-lo: mesmo

---

(*) «A lei é algo de surdo e inexorável.»

/ A 520, 521

128 | A PAZ PERPÉTUA

que para tal não tenha poder ou seja impedido de o levar a cabo por outros motivos, que a consideração do bem geral do mundo consigo traz.

Tal é a amabilidade moral que o Cristianismo suscita, a qual, através de muitas coacções a ele exteriormente acrescentadas e com a / frequente mudança das opiniões, sempre no entanto transparece e o conservou contra a aversão que, de outro modo, o teria atingido; e que (coisa notável), na época da maior ilustração que entre os homens alguma vez existiu, se mostra sempre apenas numa luz tão clara como nunca.

Se o Cristianismo chegasse alguma vez ao extremo de deixar de ser digno de amor (o que bem poderia acontecer se ele, em vez da mansidão de espírito, se armasse com uma autoridade impositiva), então, porque nas coisas morais não se encontra neutralidade alguma (e ainda menos a coligação de princípios opostos), a repulsa e a insubordinação contra ele deveria ser o modo de pensamento dominante entre os homens; e o *Anticristo*, que, de qualquer modo, é considerado o precursor do juízo final, iniciaria o seu domínio, embora curto (provavelmente baseado no temor e no egoísmo). Mas então, porque o Cristianismo estaria *destinado* a ser a religião universal – para tal se tornar, porém, não seria *favorecido* pelo destino – teria lugar o *fim* (invertido) de *todas as coisas,* sob o aspecto moral.

/ A 521, 522

/ A paz perpétua
Um projecto filosófico
(1795/96)

Pode deixar-se de lado a questão de se esta inscrição satírica na tabuleta de uma pousada holandesa, em que estava pintado um cemitério, interessa aos *homens* em geral, ou aos chefes de Estado em particular que nunca chegam a saciar-se da guerra, ou exclusivamente aos filósofos que se entregam a esse doce sonho. Mas o autor do presente ensaio põe como condição o seguinte: em virtude de o político prático estar em bons termos com o teórico e com grande autocomplacência o desdenhar como a um sábio académico que, com as suas ideias ocas, nenhum perigo traz ao Estado (este deve antes basear-se em princípios empíricos) e a quem se pode permitir arremessar de uma só vez os onze paulitos sem que o estadista, / conhecedor do mundo, com isso se preocupe, no caso de um conflito com o teórico, ele deve proceder de um modo consequente e não farejar perigo algum para o Estado por detrás das suas opiniões, aventuradas ao acaso

/ B 3, 4

130 | A PAZ PERPÉTUA

e publicamente manifestadas – com esta *clausula salvatoria,* quer o autor saber-se a salvo expressamente e da melhor forma contra toda a interpretação maliciosa.

/ Primeira Secção

Que contém os artigos preliminares para a paz perpétua entre os Estados

1. «Não deve considerar-se como válido nenhum tratado de paz que se tenha feito com a reserva secreta de elementos para uma guerra futura.»

Pois seria neste caso apenas um simples armistício, um adiamento das hostilidades e não a *paz,* que significa o fim de todas as hostilidades. A junção do epíteto *eterna* é já um pleonasmo suspeitoso. As causas existentes para uma guerra futura, embora talvez não conhecidas agora nem sequer para os negociadores, destroem-se no seu conjunto pelo tratado de paz, por muito que se possam extrair dos documentos de arquivo mediante um escrutínio penetrante. / – A restrição *(reservatio mentalis)* sobre velhas pretensões a que, no momento, nenhuma das partes faz menção porque ambas estão demasiado esgotadas para prosseguir a guerra, com a perversa intenção de, no futuro, aproveitar para este fim a primeira oportunidade, pertence à casuística jesuítica e não corresponde à dignidade dos governantes, do mesmo modo que também não corresponde à dignidade de um ministro a complacência em tais deduções, se o assunto se julgar tal como é em si mesmo.

Se, pelo contrário, a verdadeira honra do Estado se coloca, segundo os conceitos ilustrados da prudência política, no contínuo incremento do poder seja por que meios for, então, aquele juízo afigurar-se-á como escolar e pedante.

/ B 5, 6

A PAZ PERPÉTUA. UM PROJECTO FILOSÓFICO | 131

2. «Nenhum Estado independente (grande ou pequeno, aqui tanto faz) poderá ser adquirido por outro mediante herança, troca, compra ou doação.»

/ Um Estado não é património (*patrimonium*) (como, por exemplo, o solo em que ele tem a sua sede). É uma sociedade de homens sobre a qual mais ninguém a não ser ele próprio tem que mandar e dispor. Enxertá-lo noutro Estado, a ele que como tronco tem a sua própria raiz, significa eliminar a sua existência como pessoa moral e fazer desta última uma coisa, contradizendo, por conseguinte, a ideia do contrato originário, sem a qual é impossível pensar direito algum sobre um povo ([31]). Todos sabem a que perigo induziu a Europa até aos tempos mais recentes o preconceito deste modo de aquisição, pois as outras partes do mundo jamais o conheceram, isto é, de os próprios Estados poderem entre si contrair matrimónio; este modo de aquisição é, em parte, um novo género de artifício para se tornar muito poderoso mediante alianças de família sem dispêndio / de forças e, em parte também, serve para assim ampliar as possessões territoriais. – Deve também aqui englobar-se o serviço das tropas de um Estado noutro contra um inimigo não comum, pois em tal caso usa-se e abusa-se dos súbditos à vontade, como se fossem coisas de uso.

3. «Os exércitos permanentes (*miles perpetuus*) devem, com o tempo, desaparecer totalmente.»

Pois ameaçam incessantemente os outros Estados com a guerra em virtude da sua prontidão para aparecerem sempre preparados para ela; os Estados estimulam-se reciprocamente

---

([31]) Um reino hereditário não é um Estado que possa ser herdado por outro Estado; é um Estado cujo direito a governar pode dar-se em herança a uma outra pessoa física. O Estado adquire, pois, um governante, não é o governante como tal (isto é, que já possui outro reino) que adquire o Estado.

/ B 7, 8 – Nota / B 7

132 | A PAZ PERPÉTUA

a ultrapassar-se na quantidade dos mobilizados que não conhece nenhum limite, e visto que a paz, em virtude dos custos relacionados com o armamento, se torna finalmente mais opressiva do que uma guerra curta, eles próprios são a causa de guerras ofensivas para se libertarem de tal fardo; acrescente-se que pôr-se a soldo para matar ou ser morto parece implicar um uso dos homens como simples máquinas e instrumentos na mão de outrem (do Estado), uso que não se pode harmonizar bem com o direito da / humanidade na nossa própria pessoa. Uma coisa inteiramente diferente é defender-se e defender a Pátria dos ataques do exterior com o exercício militar voluntário dos cidadãos realizado periodicamente. – O mesmo se passaria com a acumulação de um tesouro, pois considerado pelos outros Estados como uma ameaça de guerra forçá-los-ia a um ataque antecipado se a tal não se opusesse a dificuldade de calcular a sua grandeza (pois dos três poderes, o *militar,* o das *alianças* e o do *dinheiro,* este último poderia ser decerto o mais seguro de guerra).

4. «Não se devem emitir dívidas públicas em relação com os assuntos de política externa.»

Para fomentar a economia de um país (melhoria dos caminhos, novas colonizações, criação de depósitos para os anos maus de fornecimentos, etc.) fora ou dentro do Estado, esta fonte de financiamento não levanta suspeitas. Mas o sistema de crédito, como instrumento / de oposição das potências entre si, é um sistema que cresce desmesuradamente e constitui sempre um poder financeiro para exigir no momento presente (pois certamente nem todos os credores o farão ao mesmo tempo) as dívidas garantidas – a engenhosa invenção de um povo de comerciantes neste século – a saber, é um tesouro para a guerra que supera os tesouros de todos os outros Estados tomados em conjunto e que só pode esgotar-se

/ B 8, 9, 10

A PAZ PERPÉTUA. UM PROJECTO FILOSÓFICO | 133

pela eminente queda dos impostos (que, no entanto, se manterão ainda durante muito tempo, graças à revitalização do comércio por meio da retroacção deste sobre a indústria e a riqueza). A facilidade para fazer a guerra, unida à tendência dos detentores do poder que parece ser congénita à natureza humana, é, pois, um grande obstáculo para a paz perpétua; para obstar a isso, deveria, com a maior razão, haver um artigo preliminar porque, no fim, a inevitável bancarrota do Estado deve implicar vários outros Estados sem culpa, o que seria uma lesão pública destes últimos. Por conseguinte, outros Estados têm pelo menos direito / a aliar-se contra semelhante Estado e as suas pretensões.

5. «Nenhum Estado deve imiscuir-se pela força na constituição e no governo de outro Estado.»

Pois, o que é que o pode a isso autorizar? Porventura o escândalo que dá aos súbditos de outro Estado? Mas tal escândalo pode antes servir de advertência por meio do exemplo do grande mal que um povo atraiu sobre si em virtude da sua ausência de leis; e, além disso, o mau exemplo que uma pessoa livre dá a outra não é (enquanto *scandalum acceptum*) nenhuma lesão. – Sem dúvida, não se aplicaria ao caso em que um Estado se dividiu em duas partes devido a discórdias internas e cada uma representa para si um Estado particular com a pretensão de ser o todo; se um terceiro Estado presta, então, ajuda a uma das partes não poderia considerar-se como ingerência na Constituição de outro Estado (pois só existe anarquia). Mas enquanto essa luta interna não está ainda decidida, a ingerência de potências estrangeiras seria uma violação / do direito de um povo independente que combate a sua enfermidade interna; seria, portanto, um escândalo, e poria em perigo a autonomia de todos os Estados.

/ B 10, 11, 12

134 | A PAZ PERPÉTUA

6. «Nenhum Estado em guerra com outro deve permitir tais hostilidades que tornem impossível a confiança mútua na paz futura, como, por exemplo, o emprego pelo outro Estado de *assassinos (percussores)*, *envenenadores (venefici)*, a *rotura da capitulação*, a *instigação à traição (perduellio)*, etc.»

São estratagemas desonrosos, pois mesmo em plena guerra deve ainda existir alguma confiança no modo de pensar do inimigo já que, caso contrário, não se poderia negociar paz alguma e as hostilidades resultariam numa guerra de extermínio (*bellum internecinum*); a guerra é certamente apenas o meio necessário e lamentável no estado da natureza (em que não existe nenhum tribunal que possa julgar, com a força do direito), para afirmar pela força o seu direito; na guerra, nenhuma das partes se pode declarar inimigo / injusto (porque isto pressupõe já uma sentença judicial). Mas o seu desfecho (tal como nos chamados juízos de Deus) é que decide de que lado se encontra o direito; mas entre os Estados não se pode conceber nenhuma guerra de castigo *(bellum punitivum)* (pois entre eles não existe nenhuma relação de um superior a um inferior). – Daqui se segue, pois, que uma guerra de extermínio, na qual se pode produzir o desaparecimento de ambas as partes e, por conseguinte, também de todo o direito, só possibilitaria a paz perpétua sobre o grande cemitério do género humano. Por conseguinte, não deve absolutamente permitir-se semelhante guerra nem também o uso dos meios que a ela levam. – Que os mencionados meios levam inevitavelmente a ela depreende-se do facto de que essas artes infernais, em si mesmas nunca convenientes, quando se põem em uso não se mantêm por muito tempo dentro dos limites da guerra, mas / transferem-se também para a situação de paz como, por exemplo, o uso de espias (*uti exploratoribus*), onde se aproveita a indignidade *de outros* (que não pode erradicar-se de uma só vez); e assim destruir-se-ia por completo o propósito da paz.

/ B 12, 13, 14

A PAZ PERPÉTUA. UM PROJECTO FILOSÓFICO | 135

*
* *

Embora as leis aduzidas sejam simples leis objectivamente proibitivas (*leges prohibitivae*), isto é, na intenção dos que detêm o poder, há, contudo, algumas que têm uma eficácia *rígida*, sem consideração pelas circunstâncias (*leges strictae*), que obrigam *imediatamente* a um não-fazer (como os números 1, 5, 6). Mas outras (como os números 2, 3, 4), sem serem excepções à norma jurídica, tendo porém em consideração as circunstâncias na sua aplicação, ampliando *subjectivamente* a competência (*leges latae*), contêm uma autorização para *adiar* a execução, sem no entanto se perder de vista o fim, que permite, por exemplo, a demora na *restituição* da liberdade subtraída a certos Estados, segundo o número 2, não para o dia de S. Nunca à Tarde (*ad calendas graecas*, como costumava prometer Augusto), por conseguinte, a sua não restituição, mas só para que ela tenha lugar de um modo apressado e assim contra a própria intenção. Pois a proibição afecta / aqui apenas o *modo de aquisição*, o qual não deve valer para o futuro, mas não a *posse* que, embora não tenha título jurídico requerido, foi, no entanto, considerada por todos os Estados no seu tempo (da aquisição putativa) como conforme ao direito, segundo a opinião pública da altura ([32]).

([32]) Até agora, duvidou-se e não sem fundamento que, além do *mandado* (*leges preceptivae*) e da *proibição* (*leges prohibitivae*), pode ainda haver leis *permissivas* (*leges permissivae*) da razão pura. Pois as leis em geral contêm um fundamento de necessidade prática objectiva, mas a permissão contém um fundamento da contingência prática de certas acções; por isso, uma lei *permissiva* conteria o constrangimento a uma acção a que não se pode estar obrigado, o que seria uma contradição se o objecto da lei tivesse o mesmo significado em ambos os casos. – Mas agora aqui, na lei permissiva, a suposta proibição refere-se apenas ao modo de aquisição futura de um direito (por exemplo, mediante herança), ao passo que o

---

/ B 14, 15 – Nota / B 15

136 | A PAZ PERPÉTUA

/ Segunda Secção

Que contém os artigos definitivos para a paz perpétua entre os Estados

O estado de paz entre os homens que vivem juntos não é um estado de natureza *(status naturalis)*, o qual é antes um estado de guerra, isto é, um estado em que, embora não exista sempre uma explosão das hostilidades, há sempre, no entanto,

---

levantamento da proibição, isto é, a permissão, refere-se à posse presente, a qual pode ainda persistir segundo uma lei permissiva do direito natural na transição do estado de natureza para o estado civil como uma posse, se não conforme ao direito, no entanto, *sincera (possesio putativa)*. / Ora, uma posse putativa, logo que se reconheceu como tal, é proibida no estado de natureza do mesmo modo que um tipo semelhante de aquisição é proibido no posterior estado civil (após a passagem); a possibilidade de uma posse duradoira não existiria se tivesse havido uma aquisição putativa no estado civil, pois, neste caso, teria de cessar imediatamente como uma lesão, logo após a descoberta da sua não conformidade com o direito.

Aqui, tentei apenas incidentalmente chamar a atenção dos professores de direito natural para o conceito de uma *lex permissiva*, que se apresenta como tal a uma razão sistematicamente classificadora; de semelhante conceito faz-se muitas vezes uso, sobretudo no direito civil (estatutário), só que com a diferença de que a lei imperativa se apresenta por si mesma, ao passo que a permissão não entra como condição limitativa (como devia) naquela lei, mas é atirada para as excepções. – Assim, por exemplo: proíbe-se isto ou aquilo, *excepto* os números um, dois, três e assim indefinidamente, pois as permissões introduzem-se na lei só de um modo casual, não segundo um princípio, mas às apalpadelas entre casos concretos. Pois, de outro modo, se as condições se tivessem introduzido na *fórmula da lei proibitiva,* / esta ter-se-ia tornado ao mesmo tempo uma lei permissiva. – É pois de lamentar que tão depressa se tenha abandonado o problema, engenhoso e não resolvido, do tão sábio como penetrante Conde Windischgrätz, que apontava justamente para a última. Pois a possibilidade de uma fórmula assim (semelhante às fórmulas matemáticas) é a única e genuína pedra de toque de uma legislação que permanece consequente, sem a qual o chamado *ius certum* permanecerá sempre um pio desejo. – De outro modo, ter-se-ão *apenas leis gerais* (que valem *em geral*), mas não leis universais (com eficácia *universal*), como no entanto parece exigir o conceito de lei.

/ B 18 – Nota / B 15, 16, 17

A PAZ PERPÉTUA. UM PROJECTO FILOSÓFICO | 137

uma ameaça constante. Deve, portanto, *instaurar-se* o estado de paz; pois a omissão de hostilidades não é ainda a garantia de paz e se um vizinho não proporciona segurança a outro (o que só pode acontecer num estado *legal)*, cada um pode considerar como inimigo a quem lhe exigiu tal segurança ([33]).

/ Primeiro Artigo definitivo para a Paz Perpétua

A Constituição civil em cada Estado deve ser republicana

A constituição fundada, em primeiro lugar, segundo os princípios da *liberdade* dos membros de uma sociedade (enquanto homens); em segundo lugar, em conformidade com

---

([33]) Supõe-se comummente que não se pode proceder hostilmente contra ninguém a não ser apenas quando ele me tenha já *lesado* de facto, e isto é também inteiramente correcto se ambos se encontram num estado *civil-legal.* Com efeito, por este ter ingressado no mesmo estado proporciona àquele (mediante a autoridade que possui poder sobre ambos) a segurança requerida. – Mas o homem (ou / o povo), no simples estado de natureza, priva-me dessa segurança e já me prejudica em virtude precisamente desse estado, por estar ao meu lado, se não efectivamente *(facto),* no entanto, devido à ausência de leis do seu estado *(statu iuniusto),* pela qual eu estou constantemente ameaçado por ele; e não posso forçá-lo a entrar comigo num estado social legal ou a afastar-se da minha vizinhança. – Por conseguinte, o postulado que subjaz a todos os artigos seguintes é este: todos os homens que entre si podem exercer influências recíprocas devem pertencer a qualquer constituição civil.

Mas toda a constituição jurídica, no tocante às pessoas que nela estão, é

1) Uma constituição segundo *o direito político* [*Staatsbürgerrecht*] dos homens num povo [*ius civitatis*];

2) Segundo *o direito das gentes* [*Volkerrecht*] dos Estados nas suas relações recíprocas [*ius gentium*];

3) Uma constituição segundo *o direito cosmopolita* [*Weltbürgerrecht*], enquanto importa considerar os homens e os Estados, na sua relação externa de influência recíproca, como cidadãos de um estado universal da humanidade *(ius cosmopoliticum).* Esta divisão não é arbitrária, mas necessária em relação à ideia da paz perpétua. Pois se um destes Estados numa relação de influência física com os outros estivesse em estado da natureza implicaria o estado de guerra, de que é justamente nosso propósito libertarmo-nos.

/ B 18, 20 – Nota / B 18, 19

138 | A PAZ PERPÉTUA

os princípios da *dependência* de todos em relação a uma única legislação comum (enquanto súbditos); e, em terceiro lugar, segundo a lei da *igualdade* dos mesmos (enquanto cidadãos) é a única que deriva da ideia do contrato originário, em que se deve fundar toda a legislação jurídica de um povo – é a constituição *republicana* ([34]). Esta / é, pois, no tocante ao direito, a que em si mesma subjaz a todos os tipos de constituição / civil; e, agora, surge apenas a questão: é também ela a única que pode conduzir à paz perpétua?

([34]) A liberdade *jurídica* (externa, portanto) não pode definir-se, como se costuma fazer, mediante a faculdade de «fazer tudo o que se quiser, contanto que a ninguém se faça uma injustiça». Pois, que significa *faculdade* [*Befügnis*]? A possibilidade de uma acção enquanto por ela a ninguém se faz uma injustiça. Portanto, a explicação da definição soaria assim: «*Liberdade / é a possibilidade de acções pelas quais a ninguém se faz uma injustiça*. Não se faz dano a ninguém (faça-se o que se quiser), se apenas a ninguém se fizer dano algum»: por conseguinte, é uma tautologia vazia. – A minha liberdade exterior (jurídica) deve antes explicar-se assim: é a faculdade de não obedecer a quaisquer leis externas senão enquanto lhes pude dar o meu consentimento. – Igualmente, a *igualdade* exterior (jurídica) num Estado é a relação entre os cidadãos segundo a qual nenhum pode vincular juridicamente outro sem que ele se submeta ao mesmo tempo à lei e *poder* ser reciprocamente também de igual modo vinculado por ela. (Não é necessária nenhuma explicação a propósito do princípio da dependência *jurídica,* já que este está implícito no conceito de uma constituição política). – A validade dos direitos inatos inalienáveis e que pertencem necessariamente à humanidade é confirmada e elevada pelo princípio das relações jurídicas do próprio homem com entidades mais altas (quando ele as imagina), ao representar-se a si mesmo segundo esses mesmos princípios também como um cidadão de um mundo supra-sensível. – Pois, no tocante à minha liberdade, não tenho qualquer obrigação / mesmo em relação às leis divinas por mim conhecidas através da simples razão a não ser que eu próprio tenha podido prestar o meu consentimento (pois mediante a lei da liberdade da minha própria razão é que faço primeiro para mim um conceito da vontade divina). No tocante ao princípio de igualdade em relação com o ser supremo do mundo, fora de Deus, tal como eu o poderia imaginar (um grande *Eão*), não existe fundamento

---

/ B 20, 21, 22 – Nota / B 20, 21, 22

A PAZ PERPÉTUA. UM PROJECTO FILOSÓFICO | 139

/ A constituição republicana, além da pureza da sua origem, isto é, de ter promanado da pura fonte do conceito de direito, tem ainda em vista o resultado desejado, a saber, a paz perpétua; daquela é esta o fundamento. – Se (como não pode ser de outro modo nesta constituição) se exige o consentimento dos cidadãos para decidir «se deve ou não haver guerra», então, nada é mais natural do que deliberar muito em começarem um jogo tão *maligno,* pois têm de decidir para si próprios todos os sofrimentos da guerra (como combater, custear as despesas da guerra / com o seu próprio património, reconstruir penosamente a devastação que ela deixa atrás de si e, por fim e para cúmulo dos males, tomar sobre si o peso das dívidas que nunca acaba (em virtude de novas e próximas guerras) e torna amarga a paz. Pelo contrário, numa constituição em que o súbdito não é cidadão,

---

algum para que eu, se no meu posto fizer o meu dever, como aquele *Eão* no seu, tenha simplesmente o dever de obedecer, e aquele o direito de mandar. – O fundamento da *igualdade* reside em que este princípio (tal como o da liberdade) também não se ajusta à relação com Deus, porque este Ser é o único no qual cessa o conceito de dever.

Mas, no que diz respeito ao direito da igualdade de todos os cidadãos enquanto súbditos, importa contestar a questão da admissibilidade da *nobreza hereditária:* «se o *estatuto* concedido pelo Estado (a posição de um súbdito sobre o outro) deve preceder o *mérito,* ou este àquele». – Ora, é claro que, se o estatuto está vinculado ao nascimento, é de todo incerto se o mérito (capacidade e fidelidade profissionais) também virá depois; por conseguinte, é como / se ele fosse concedido (ser chefe) ao beneficiado sem qualquer mérito – o que nunca a vontade geral do povo decidirá num contrato originário (que, no entanto, é o princípio de todos os direitos). Com efeito, um nobre não é necessariamente por isso um homem *nobre.* – No tocante *à nobreza de cargo* (como se poderia denominar o estatuto de uma alta magistratura e à qual é necessário elevar-se por meio dos méritos), o estatuto não pertence à pessoa como uma propriedade, mas ao lugar, e a igualdade não é por isso lesada; pois, quando a pessoa abandona o seu cargo deixa ao mesmo tempo o estatuto e retorna ao povo.

/ B 23, 24 – Nota / B 22, 23

140 | A PAZ PERPÉTUA

que, por conseguinte, não é uma constituição republicana, a guerra é a coisa mais simples do mundo, porque o chefe do Estado não é um membro do Estado, mas o seu proprietário, e a guerra não lhe faz perder o mínimo dos seus banquetes, caçadas, palácios de recreio, festas cortesãs, etc., e pode, portanto, decidir a guerra como uma espécie de jogo por causas insignificantes e confiar indiferentemente a justificação da mesma por causa do decoro ao sempre pronto corpo diplomático.

*

* *

Para não se confundir a constituição republicana com a democrática (como costuma acontecer), é preciso observar-se o / seguinte. As formas de um Estado *(civitas)* podem classificar-se segundo a diferença das pessoas que possuem o supremo poder do Estado, ou segundo *o modo de governar* o povo, seja quem for o seu governante; a primeira chama-se efectivamente a forma da *soberania (forma imperii)* e só há três formas possíveis, a saber, a soberania é possuída por *um só,* ou por *alguns* que entre si se religam, ou por *todos* conjuntamente, formando a sociedade civil *(autocracia, aristocracia e democracia;* poder do príncipe, da nobreza e do povo). A segunda é a forma de governo *(forma regiminis)* e refere-se ao modo, baseado na constituição (no acto da vontade geral pela qual a massa se torna um povo), como o Estado faz uso da plenitude do seu poder: neste sentido, a constituição é ou *republicana,* ou *despótica.* O *republicanismo* é o princípio político da separação do poder executivo (governo) do legislativo; o despotismo é o princípio da execução / arbitrária pelo Estado de leis que ele a si mesmo deu, por conseguinte, a vontade

/ B 24, 25, 26

A PAZ PERPÉTUA. UM PROJECTO FILOSÓFICO | 141

pública é manejada pelo governante como sua vontade privada. – Das três formas de Estado, a democracia é, no sentido próprio da palavra, necessariamente um *despotismo*, porque funda um poder executivo em que todos decidem sobre e, em todo o caso, também contra *um* (que, por conseguinte, não dá o seu consentimento), portanto, todos, sem no entanto serem todos, decidem – o que é uma contradição da vontade geral consigo mesma e com a liberdade.

Toda a forma de governo que não seja *representativa* é, em termos estritos, uma *não-forma*, porque o legislador não pode ser ao mesmo tempo executor da sua vontade numa e mesma pessoa (como também a universal da premissa maior num silogismo não pode ser ao mesmo tempo a subsunção do particular na premissa menor); e, embora as duas outras constituições políticas sejam sempre defeituosas porque proporcionam espaço a um tal modo de governo, é nelas ao menos possível que adoptem um modo de governo conforme com o *espírito* / de um sistema representativo como, por exemplo, Frederico II ao *dizer* que ele era simplesmente o primeiro servidor do Estado ([35]), ao passo que a constituição democrática torna isso impossível porque todos querem ser o soberano. – Pode, pois, dizer-se: quanto mais reduzido é o pessoal do poder estatal (o número de dirigentes), tanto

---

([35]) Muitas vezes se censuraram os altos títulos que, com frequência, se atribuem a um príncipe (os de ungido de Deus, administrador da vontade divina na Terra e seu representante) como adulações grosseiras e fraudulentas; mas parece-me que tais censuras são sem fundamento. – Longe de tornarem arrogante o príncipe territorial, devem antes deprimi-lo no seu íntimo, se ele tiver entendimento (o que, no entanto, se deve pressupor) e pensar que recebeu um cargo demasiado grande para um homem, isto é, administrar o que de mais sagrado Deus tem sobre a Terra, o *direito dos homens,* e deve estar constantemente preocupado por se encontrar excessivamente próximo do olho de Deus.

/ B 26, 27 – Nota / B 27

142 | A PAZ PERPÉTUA

maior é a representação dos mesmos, tanto mais a constituição política se harmoniza com a possibilidade do republicanismo e pode esperar que, por fim, a ele chegue mediante
reformas graduais. Por tal razão, / chegar a esta única constituição plenamente jurídica é mais difícil na aristocracia do
que na monarquia e é impossível na democracia, a não ser
mediante uma revolução violenta. Mas ao povo interessa mais,
sem comparação, o modo de governo ([36]) do que a forma
de Estado / (embora tenha também muita importância a
sua maior ou menor adequação àquele fim). Ao modo de
governo que deve ser conforme à ideia de direito pertence o
sistema representativo, o único em que é possível um modo
de governo republicano e sem o qual todo o governo é despótico e violento (seja qual for a sua constituição). – Nenhuma
das denominadas repúblicas antigas conheceu este sistema
e tiveram de dissolver-se efectivamente no despotismo, que,
sob o poder supremo de um só, é ainda o mais suportável de
todos os despotismos.

([36]) *Malais du Pain* vangloria-se com a sua linguagem pomposa, mas
vazia e oca, de, após uma experiência de muitos anos, se ter por fim convencido da verdade do conhecido mote de *Pope*: «deixa os loucos disputar sobre
o melhor governo; o que melhor governa é o melhor». Se isto equivale
a dizer que o governo que melhor governa é o mais bem governado, *Pope*,
segundo a expressão de *Swift*, quebrou uma noz e foi-lhe dispensado um
verme; se, porém, significa que é também a melhor forma de governo, isto
é, de constituição política, é radicalmente falso; pois exemplos de bons
governos nada demonstram sobre a forma de governo. – Quem governou
melhor do que um *Tito* ou um *Marco Aurélio*? E, no entanto, um deixou
como sucessor um *Domiciano*, e o outro um *Cómodo*; o que não poderia ter
acontecido com uma boa constituição política, pois a incapacidade dos
últimos para o cargo tinha sido conhecida bastante cedo e o poder do
Imperador era também suficiente para os ter excluído.

/ B 27, 28, 29 – Nota / B 28

A PAZ PERPÉTUA. UM PROJECTO FILOSÓFICO | 143

/ Segundo Artigo definitivo para a Paz Perpétua

O direito das gentes deve fundar-se numa *federação* de Estados livres

Os povos podem, enquanto Estados, considerar-se como homens singulares que no seu estado de natureza (isto é, na independência de leis externas) se prejudicam uns aos outros já pela sua simples coexistência e cada um, em vista da sua segurança, pode e deve exigir do outro que entre com ele numa constituição semelhante à constituição civil, na qual se possa garantir a cada um o seu direito. Isto seria uma federação de povos que, no entanto, não deveria ser um Estado de povos. Haveria aí uma contradição, porque todo o Estado implica a relação de um superior (legislador) com um inferior (o que obedece, a saber, o povo) e muitos povos num Estado viriam a constituir um só povo, o que contradiz o pressuposto (temos de considerar / aqui o direito dos povos nas suas relações recíprocas enquanto formam Estados diferentes, que não devem fundir-se num só).

Assim como olhamos com profundo desprezo o apego dos selvagens à sua liberdade sem lei, que prefere mais a luta contínua do que sujeitar-se a uma coerção legal por eles mesmos determinável, escolhendo pois a liberdade grotesca à racional, e consideramo-lo como barbárie, grosseria e degradação animal da humanidade; assim também – deveria pensar-se – os povos civilizados (cada qual reunido num Estado) teriam de apressar-se a sair quanto antes de uma situação tão repreensível: em vez disso, porém, cada Estado coloca antes a sua soberania (pois a soberania popular é uma expressão absurda) precisamente em não se sujeitar a nenhuma coacção legal externa e o fulgor do chefe de Estado consiste em ter à sua disposição muitos

/ B 30, 31

144 | A PAZ PERPÉTUA

milhares que, sem ele próprio se pôr em perigo, se deixam sacrificar ([37]) por uma coisa que em nada lhes diz respeito, / e a diferença entre os selvagens europeus e os americanos consiste essencialmente nisto: muitas tribos americanas foram totalmente comidas pelos seus inimigos, ao passo que os europeus sabem aproveitar melhor os seus vencidos do que comendo-os; aumentam antes o número dos seus súbditos, por conseguinte, também a quantidade dos instrumentos para guerras ainda mais vastas.

Tendo em conta a maldade da natureza humana, que pode ver-se às claras na livre relação dos povos (ao passo que no Estado legal-civil se oculta através da coacção do governo) é, sem dúvida, de admirar que a palavra *direito* não tenha ainda podido ser expulsa da política da guerra como pedante, e que nenhum Estado tenha ainda ousado manifestar-se publicamente a favor desta última / opinião; pois continuam ainda a citar-se candidamente *Hugo Grócio, Pufendorf, Vatel* e outros (incómodos consoladores apenas!). Embora o seu código elaborado filosófica ou diplomaticamente não tenha a mínima força legal nem a possa também ter (porque os Estados enquanto tais não estão sob nenhuma coacção exterior comum) para a *justificação* de um ataque bélico, sem que exista um exemplo de que alguma vez um Estado tenha abandonado os seus propósitos em virtude dos argumentos reforçados com os testemunhos de tão importantes homens, esta homenagem que todos os Estados prestam ao conceito de direito (pelo menos, de palavra) mostra, no entanto, que se pode encontrar no homem uma disposição moral ainda mais profunda, se bem que dormente na altura, para

---

([37]) Eis a resposta que um príncipe búlgaro deu ao imperador grego, que queria resolver uma disputa com um duelo: «Um ferreiro que tem tenazes não tirará com as mãos o ferro em brasa do carvão.»

/ B 31, 32, 33 – Nota / B 31

A PAZ PERPÉTUA. UM PROJECTO FILOSÓFICO | 145

se assenhorear do princípio mau que nele reside (o que não pode negar) e para esperar isto também dos outros; pois, de outro modo, a palavra *direito* nunca viria à boca desses Estados que se querem guerrear entre si, a não ser para com ela praticarem a ironia como aquele príncipe gaulês, que / afirmava: «A vantagem que a natureza deu *ao* forte sobre o fraco é que este deve obedecer àquele.»

Visto que o modo como os Estados perseguem o seu direito nunca pode ser, como num tribunal externo, o processo, mas apenas a guerra, e porque o direito não pode decidir-se por meio dela nem pelo seu resultado favorável, a vitória, e dado que pelo *tratado de paz* se põe fim, sem dúvida, a uma guerra determinada, mas não ao estado de guerra (possibilidade de encontrar um novo pretexto para a guerra, a qual também não se pode declarar como justa, porque em tal situação cada um é juiz dos seus próprios assuntos); e uma vez que não pode ter vigência para os Estados, segundo o direito das gentes, o que vale para o homem no estado desprovido de leis, segundo o direito natural – «dever sair de tal situação» (porque possuem já, como Estados, uma constituição interna jurídica e estão, portanto, subtraídos à coacção dos outros para que se submetam a uma constituição legal ampliada em conformidade com os seus conceitos jurídicos); e visto que a razão, do trono do máximo poder / legislativo moral, condena a guerra como via jurídica e faz, em contrapartida, do estado de paz um dever imediato, o qual não pode, no entanto, estabelecer-se ou garantir-se sem um pacto entre os povos: – tem, portanto, de existir uma federação de tipo especial, a que se pode dar o nome de federação da paz *(foedus pacificum),* que se distinguiria do pacto de paz *(pactum pacis),* uma vez que este procuraria acabar com uma guerra, ao passo que aquele procuraria pôr fim a todas as guerras e para sempre. Esta federação não se propõe obter o poder

/ B 33, 34, 35

do Estado, mas simplesmente manter e garantir a paz de um Estado para si mesmo e, ao mesmo tempo, a dos outros Estados federados, sem que estes devam por isso (como os homens no estado de natureza) submeter-se a leis públicas e à sua coacção. – É possível representar-se a exequibilidade (realidade objectiva) da *federação,* que deve estender-se paulatinamente a todos os Estados e assim conduz à paz perpétua. Pois se a sorte dispõe que um povo forte e ilustrado possa formar / uma república (que, segundo a sua natureza, deve tender para a paz perpétua), esta pode constituir o centro da associação federativa para que todos os outros Estados se reúnam à sua volta e assim assegurem o estado de liberdade dos Estados conforme à ideia do direito das gentes e estendendo-se sempre mais mediante outras uniões.

É compreensível que um povo diga: «Não deve entre nós haver guerra alguma, pois queremos formar um Estado, isto é, queremos impor a nós mesmos um poder supremo legislativo, executivo e judicial, que dirima pacificamente os nossos conflitos.» Mas se este Estado diz: «Não deve haver guerra alguma entre mim e os outros Estados, embora não reconheça nenhum poder legislativo supremo que assegure o meu direito e ao qual eu garanta o seu direito», não pode então compreender-se onde é que eu quero basear a minha confiança no meu direito, se não existir o substituto da federação das sociedades civis, a saber, o federalismo livre, que a razão deve necessariamente vincular com o conceito / do direito das gentes, se é que neste ainda resta alguma coisa para pensar.

No conceito do direito das gentes enquanto direito *para* a guerra, nada se pode realmente pensar (porque seria um direito que determinaria o que é justo segundo máximas unilaterais do poder e não segundo leis exteriores, limitativas da liberdade do indivíduo, e universalmente válidas); por tal

---

/ B 35, 36, 37

A PAZ PERPÉTUA. UM PROJECTO FILOSÓFICO 147

conceito entender-se-ia que aos homens que assim pensam lhes acontece o que é justo, se uns aos outros se aniquilarem e, por conseguinte, encontrarem a paz perpétua no amplo túmulo que oculta todos os horrores da violência e dos seus autores. – Os Estados com relações recíprocas entre si não têm, segundo a razão, outro remédio para sair da situação sem leis, que encerra simplesmente a guerra, senão o de consentir leis públicas coactivas, do mesmo modo que os homens singulares entregam a sua liberdade selvagem (sem leis), e formar um *Estado de povos (civitas gentium)*, que (sempre, é claro, em aumento) / englobaria por fim todos os povos da Terra. Mas se, de acordo com a sua ideia do direito das gentes, isto não quiserem, por conseguinte, se rejeitarem *in hipothesi* o que é correcto *in thesi*, então, a *torrente* da propensão para a injustiça e a inimizade só poderá ser detida, não pela ideia positiva de uma *república mundial* (se é que tudo não se deve perder), mas pelo sucedâneo *negativo* de uma *federação* antagónica à guerra, permanente e em contínua expansão, embora com o perigo constante da sua irrupção [*Furor impius intus – fremit horridus ore cruento* (*), Virgílio] ([38]).

(*) «Um ímpio e horrível furor ferve bem dentro da sua boca sangrenta.»

([38]) Depois de acabada a guerra e ao concluir-se a paz, talvez não fosse inconveniente para um povo que, após a festa de acção de graças, se convocasse um dia de penitência para implorar ao céu, em nome do Estado, misericórdia pelo grande pecado que o género humano comete constantemente ao não querer unir-se a outros povos numa constituição legal e ao preferir, orgulhoso da sua independência, o meio bárbaro da guerra (pelo qual aliás não se estabelece o que se procura, a saber, o direito de cada Estado). – A festa de acção de graças por uma *vitória* conseguida durante a guerra, os hinos / que se cantam ao *Senhor dos exércitos* (à boa maneira israelita) contrastam em não menor grau com a ideia moral do Pai dos homens; pois, além da indiferença quanto ao modo (que é bastante triste) como os povos buscam o seu direito mútuo, acrescentam ainda a alegria de ter aniquilado muitos homens ou a sua felicidade.

/ B 37, 38 – Nota / B 38, 39

148 | A PAZ PERPÉTUA

/ Terceiro Artigo definitivo para a Paz Perpétua

«O *direito cosmopolita* deve limitar-se às condições da *hospitalidade* universal.»

Fala-se aqui, como nos artigos anteriores, não de filantropia, mas de direito, e *hospitalidade* significa aqui o direito de um estrangeiro a não ser tratado com hostilidade em virtude da sua vinda ao território de outro. Este pode rejeitar o estrangeiro, se isso puder ocorrer sem a ruína dele, mas enquanto o estrangeiro se comportar amistosamente no seu lugar, o outro não o deve confrontar com hostilidade. Não existe nenhum *direito de hóspede* sobre o qual se possa basear esta pretensão (para isso seria preciso um contrato especialmente generoso para dele fazer um hóspede por certo tempo), mas um *direito de visita,* que assiste todos os homens para se apresentar à sociedade, em virtude do direito da propriedade comum da superfície da / Terra, sobre a qual, enquanto superfície esférica, os homens não podem estender-se até ao infinito, mas devem finalmente suportar-se um aos outros, pois originariamente ninguém tem mais direito do que outro a estar num determinado lugar da Terra. – Partes inabitáveis desta superfície, o mar e os desertos dividem esta comunidade, mas o *barco* ou o *camelo* (o barco do deserto) tornam possível uma aproximação por cima destas regiões sem dono e o uso do direito à *superfície* para um possível tráfico, direito que pertence ao género humano comum. A inospitalidade das costas marítimas (por exemplo, das costas berberescas), os roubos de barcos nos mares próximos ou a redução à escravatura dos marinheiros que arribam à costa, ou a inospitalidade dos desertos (dos beduínos árabes) em considerar a sua proximidade às tribos nómadas como um direito a saqueá-las – tudo é, pois, contrário ao direito natural; mas o direito de hospitalidade, isto é a faculdade dos estrangeiros

/ B 40, 41

A PAZ PERPÉTUA. UM PROJECTO FILOSÓFICO | 149

recém-chegados não se estende além das condições de possibilidade para *intentar* um tráfico com os antigos habitantes. – Deste modo, / partes afastadas do mundo podem entre si estabelecer relações pacíficas, as quais por fim se tornarão legais e públicas, podendo assim aproximar cada vez mais o género humano de uma constituição cosmopolita.

Se, pois, se comparar a conduta inospitaleira dos Estados civilizados da nossa região do mundo, sobretudo dos comerciantes, causa assombro a injustiça que eles revelam na *visita* a países e povos estrangeiros (o que para eles se identifica com a *conquista* dos mesmos). A América, os países negros, as ilhas das especiarias, o Cabo, etc., eram para eles, na sua descoberta, países que não pertenciam a ninguém, pois os habitantes nada contavam para eles. Nas Índias Orientais (Industão), introduziram tropas estrangeiras sob o pretexto de visarem apenas estabelecimentos comerciais, mas com as tropas introduziram a opressão dos nativos, a instigação dos seus diversos Estados a guerras muito amplas, a fome, a rebelião, a perfídia e a ladainha de todos os males que afligem o género humano.

/ A China ([39]) e o Japão *(Nipon),* que tinham lidado com semelhantes hóspedes, permitiram / sabiamente o acesso, mas não a entrada, no caso da China, / e só um acesso limi-

---

([39]) Para escrever o nome com que este grande reino se chama a si mesmo (a saber China, não Sina, ou outro som semelhante) pode consultar-se o *Alphab. Tib.* de Georgius, pp. 651/654, sobretudo a *nota b.* – Segundo a observação do Prof. Fischer, de Petersburgo, não tem um nome determinado com que a si mesmo se designa; o nome mais habitual é ainda o da palavra *Kin,* isto é, ouro (que os Tibetanos exprimem com *Ser),* pelo que o imperador se chama Rei do *ouro* (do país mais magnífico do mundo); esta palavra poderia pronunciar-se nesse reino como *Chin,* mas pode ter sido pronunciada *Kin* pelos missionários italianos (por causa da gutural). – Daqui se infere que o país chamado pelos Romanos País dos *Seres* era

---

/ B 41, 42, 43, 44, 45 – Nota / B 43, 44

150 | A PAZ PERPÉTUA

tado a um único povo europeu, os Holandeses, no caso do Japão, aos quais no entanto, como a prisioneiros, excluem da comunidade dos nativos. O pior de tudo isto (ou, do ponto de vista de um juiz moral, o melhor) é que não estão contentes com esta actuação violenta, que todas estas socie-

---

a China, mas a seda era trazida para a Europa através do *Grande Tibete* (provavelmente através do *Pequeno Tibete* e Bucara sobre a Pérsia) o que dá lugar a algumas considerações acerca da antiguidade deste surpreendente Estado, em comparação com o Industão, no laço com *o Tibete* e, através deste, com o Japão; no entanto, o nome de Sina ou Tschina que lhe deviam dar os vizinhos deste país não leva a nada. – Talvez se possa explicar também o antiquíssimo, / se bem que nunca correctamente conhecido, intercâmbio da Europa com o Tibete, a partir do que nos refere Hesíquio, a saber, do grito dos hierofantes Κονξ 'Ομπαξ *(Konx Ompax)* nos mistérios de Elêusis (ver *Reise des Jüngern Anacarsis*, 5.ª parte, pp. 447 s.). – Pois, segundo o *Alphab. Tibet.* de Georgius, a palavra Concioa significa *deus,* e esta palavra tem uma semelhança muito marcante com a de Konx: *Pah-cio* (*ibid.* p. 520), que facilmente poderia ser pronunciada pelos Gregos como *pax,* significa *promulgator legis,* a divindade repartida por toda a natureza (chamada também *Cencresi,* p. 177). – Mas *Om,* que Lacroze traduz por *benedictus, bendito,* nada mais pode significar na sua aplicação à divindade do que *bem-aventurado,* p. 507. Mas o P. Franz Horatius afirma que, ao interrogar muitas vezes os *lamas* tibetanos sob o que eles entendem por deus *(concioa),* obteve sempre a resposta: «*É a reunião de todos os santos*» (isto é, dos bem-aventurados que, através do renascimento lamaísta, após muitas migrações por toda a classe de corpos, regressaram finalmente à divindade e se tornam *Burchane,* isto é, seres dignos de serem adorados, almas transformadas (p. 223). Pelo que aquela palavra misteriosa *Konx Ompax* deverá significar o supremo ser difundido por todo o mundo (a natureza personificada): *santo,* pela palavra *Konx Ompax, bem-aventurado* (Om) e sábio *(pax);* e estas palavras utilizadas nos mistérios gregos significaram *o monoteísmo* dos epoptas em oposição ao *politeísmo* do povo, embora P. Horatius suspeite aqui de um certo ateísmo. – Mas o modo como essa misteriosa palavra chegou aos Gregos através do Tibete explica-se da maneira antes indicada e, inversamente, torna provável um remoto tráfico da Europa com a China através do Tibete (talvez ainda antes do tráfico com o Industão).

/ B 45 – Nota / B 44

A PAZ PERPÉTUA. UM PROJECTO FILOSÓFICO | 151

dades comerciais se encontram no ponto da eminente ruína, que as ilhas do açúcar, sede da escravidão mais violenta e deliberada, não oferecem nenhum autêntico benefício mas servem apenas directamente um propósito e, claro está, não muito recomendável, a saber, a formação dos marinheiros para as frotas de guerra, / por conseguinte, também para as guerras na Europa; e tudo isto para potências que *querem* fazer muitas coisas por piedade e pretendem considerar-se como eleitas dentro da ortodoxia, enquanto bebem a injustiça como água.

Ora, como se avançou tanto no estabelecimento de uma comunidade (mais ou menos estreita) entre os povos da Terra que a violação do direito num lugar da Terra se sente em todos os outros, a ideia de um direito cosmopolita não é nenhuma representação fantástica e extravagante do direito, mas um complemento necessário de código não escrito, tanto do direito político como do direito das gentes, num direito público da humanidade em geral e, assim, um complemento da paz perpétua, em cuja contínua aproximação é possível encontrar-se só sob esta condição.

*

/ Suplemento Primeiro

Da garantia da paz perpétua

O que subministra esta *garantia* é nada menos que a grande artista, a *Natureza (natura daedala rerum)*, de cujo curso mecânico transparece com evidência uma finalidade: através da discórdia dos homens, fazer surgir a harmonia, mesmo contra a sua vontade. Por esta razão, chama-se igualmente *destino,* enquanto compulsão de uma causa necessária dos

/ B 45, 46, 47

152 | A PAZ PERPÉTUA

efeitos segundo leis que nos são desconhecidas, e *providência* ([40]) / em referência à finalidade que existe no curso do mundo, enquanto sabedoria profunda de uma causa mais elevada que tem em vista o fim último objectivo do género humano e predetermina o devir do mundo, causa essa que não podemos realmente *reconhecer* / nos artifícios da natureza

---

([40]) No mecanismo da natureza a que o homem (como ser sensível) pertence, manifesta-se uma forma que já subjaz à sua existência e que não podemos conceber de nenhum outro modo a não ser supondo-lhe um fim de um autor do mundo, que a predetermina; a esta determinação prévia / chamamos *providência* (divina) em geral; e enquanto está no *começo* do mundo, damos-lhe o nome de providência *fundadora [providentia conditrix; semel iussit, semper parent* (*), Agostinho]; mas enquanto conserva o *curso da natureza*, segundo leis universais de finalidade, damos-lhe o nome de providência *governante (providentia gubernatrix);* em relação aos fins particulares, mas não previsíveis pelo homem e só cognoscíveis a partir do resultado, chamamos-lhe providência directora *(providentia directrix)* e, por último, em relação a alguns acontecimentos singulares, enquanto fins divinos, não lhe chamamos providência, mas *disposição (directio extraodinaria).* Mas seria presunção louca do homem querer conhecê-la como tal (na realidade, refere-se a milagres, embora tais acontecimentos não se denominem assim), pois inferir de um acontecimento singular um princípio particular da causa eficiente (que este conhecimento seja um fim e não uma simples consequência marginal do mecanismo natural a partir de um outro fim que nos é totalmente desconhecido) é um disparate e uma arrogância total, por mais piedosa e humilde que a este respeito a linguagem ressoe. – Igualmente, a divisão da providência (considerada *materialiter)* em *universal* e *particular,* segundo os *objectos* do mundo / a que se refere, é falsa e contraditória em si mesma (porque cuida, por exemplo, da conservação das espécies de criaturas e abandona os indivíduos ao acaso), pois chama-se precisamente universal segundo o ponto de vista de que nenhuma coisa singular dela fica excluída. – Provavelmente, quis classificar-se aqui a providência *(formaliter* considerada), segundo o modo de realização dos seus propósitos, isto é, providência *ordinária* (por exemplo, a morte e o ressurgimento anual da natureza segundo o ciclo das estações) e *extraordinária* (por exemplo, o transporte de troncos de árvores às costas geladas, onde elas não podem crescer, por acção das correntes marítimas, e sem os quais os habitantes dessas paragens não podiam viver); caso este em

(*) «Ordenou uma só vez, sempre obedecem.»

/ B 47, 48, 49 – Nota / B 47, 48

A PAZ PERPÉTUA. UM PROJECTO FILOSÓFICO | 153

nem sequer *inferir* a partir deles, mas (como em *toda* a relação da forma das / coisas com os fins em geral) só podemos e devemos *pensar*, para assim formarmos para nós um conceito da sua possibilidade, / segundo a analogia da arte humana: porém, a relação e a consonância desta causa com o fim que a razão nos prescreve mediatamente (o fim moral) é representar para si uma *ideia* que é, sem dúvida, arrebatada no propósito *teórico*, está no entanto bem fundada no plano

---

que, apesar de podermos explicar muito bem as causas físico-mecânicas dos fenómenos (por exemplo, pelo facto de as margens dos rios dos países temperados estarem povoadas de árvores que caem à agua e são transportados para longe como por uma espécie de corrente do Golfo), apesar de tudo, não devemos descurar também a causa teleológica, que se refere à previsão de uma sabedoria que preside à natureza. – O que deve desaparecer, isso sim, é o que concerne ao conceito, tão usado / nas escolas, de uma colaboração ou *concurso* divino (*concursus*) na produção de um efeito do mundo dos sentidos. Pois, *em primeiro lugar*, é contraditório em si mesmo querer conjugar o que não é da mesma natureza [*gryphes jungere equis* (*)] e *completar* a própria causa perfeita das transformações no mundo com uma providência especial predeterminante do curso do mundo (pelo que aquela deveria ter sido uma causa deficiente), dizendo, por exemplo, que *a seguir a Deus* o médico curou o doente, portanto, foi uma ajuda. Com efeito, *causa solitaria non juvat*. Deus é o autor do médico com todas as suas medicinas e, por isso, se se quiser subir até ao fundamento originário e supremo, teoricamente inconcebível, deve atribuir-se-lhe *todo* o efeito. Ou também se pode atribuir *inteiramente* ao médico, contanto que consideremos este acontecimento como explicável segundo a ordem da natureza, na cadeia das causas mundanas. *Em segundo lugar*, um tal modo de pensamento destrói também todos os princípios determinados de avaliação de um feito. Mas em sentido *prático-moral* (que se refere totalmente ao supra-sensível), o conceito do *concursus* divino é conveniente e até necessário; por exemplo, na fé de que Deus completará a / deficiência da nossa própria justiça, se a nossa disposição for genuína, através de meios para nós inconcebíveis, portanto, se nada descurarmos no esforço pelo bem; mas é evidente que ninguém deve intentar *explicar* a partir daqui uma acção boa (como acontecimento no mundo) – o que é um *pretenso* conhecimento teórico do supra-sensível, por conseguinte, absurdo.

(*) «Atrelar grifos e cavalos.»

/ B 49, 50, 51 – Nota / B 48, 49, 50

154 | A PAZ PERPÉTUA

dogmático e, segundo a sua realidade, no propósito prático (por exemplo, utilizar o mecanismo da natureza em relação com o conceito de dever da *paz perpétua*). – O uso da palavra *Natureza,* visto que se trata aqui simplesmente de *teoria* (e não de religião), é também mais apropriado para os limites da razão humana (que deve manter-se, no tocante à relação dos efeitos com as suas causas, nos confins da experiência possível), e mais *modesto* do que a expressão de uma *providência* para nós cognoscível, expressão com a qual alguém presunçosamente para si prepara as asas de Ícaro, a fim de se aproximar do mistério do seu desígnio imperscrutável.

/ Ora, antes de determinarmos com maior precisão esta garantia, será preciso examinar o estado que a natureza organizou para as pessoas que agem no seu grande cenário, estado que torna necessário, em último termo, a garantia da paz; – e, em seguida, examinar primeiro o modo como ela subministra esta garantia.

A organização provisória da natureza consiste em que ela – 1) providenciou que os homens em todas as partes do mundo possam aí mesmo viver; 2) através da *guerra,* levou-os mesmo às regiões mais inóspitas, para as povoar; 3) também por meio da guerra, obrigou-os a entrar em relações mais ou menos legais. É digno de admiração que nos frios desertos, junto do oceano glacial, cresça apesar de tudo o / musgo, que a *rena* busca debaixo da neve para ela própria ser a alimentação, ou também o *veículo* do ostíaco ou samoiedo; ou é também digno de admiração que os desertos de areia contem ainda com o *camelo,* que parece ter sido criado para a sua travessia, para os não deixar inutilizados. Mas mais claramente brilha ainda a finalidade da natureza quando se tem em conta que, nas margens do oceano glacial, além dos animais cobertos de peles, as focas, as morsas e as baleias proporcionem aos seus habitantes alimentos com a sua carne e fogo com a sua

/ B 51, 52, 53

A PAZ PERPÉTUA. UM PROJECTO FILOSÓFICO | 155

gordura. A previsão da natureza suscita, porém, a máxima admiração em virtude da madeira que ela arrasta flutuando até estas regiões sem flora (sem que se saiba ao certo de onde vem); sem tal material, eles não poderiam construir os seus veículos de transporte, nem as suas armas ou as suas cabanas; assim têm já bastante que fazer com a luta contra os animais, para viverem em paz entre si. – Mas o que os *levou até ali* provavelmente não foi outra coisa senão a / guerra. O primeiro instrumento de guerra que, entre todos os animais, o homem aprendeu a domar e a domesticar, na época do povoamento da Terra, foi o *cavalo* (pois o elefante pertence a uma época posterior, a saber, à época do luxo de Estados já estabelecidos); a arte de cultivar certas classes de ervas, chamadas cereais, cuja primitiva natureza já não conhecemos, e igualmente a reprodução e melhoramento das *variedades de frutas* mediante transplante e enxerto (na Europa, talvez só de dois géneros, da macieira e da pereira) só podiam aparecer em Estados já estabelecidos, onde existisse uma propriedade fundiária garantida, depois que os homens, anteriormente numa liberdade sem leis, foram compelidos da vida de *caça* ([41]), pesca e pastorícia / para a *agricultura* e se descobriu o *sal* e o *ferro*, talvez os primeiros artigos mais amplamente procurados

---

([41]) Entre todos os modos de vida, a *caça* é decerto o mais oposto a uma constituição estabelecida, porque as famílias forçadas a isolarem-se depressa se tornam *estranhas* entre si e assim, dispersas por ingentes bosques, também depressa se tornam *inimigos*, / já que cada uma precisa de muito espaço para a aquisição do alimento e do vestuário. – A *proibição de Noé de comer sangue*, 1 *Moisés*, IX, 4-6 (que, muitas vezes repetida, foi depois transformada pelos judeo-cristãos em condição para os novos cristãos precedentes do paganismo, se bem que com outro sentido, *Actos dos Apóstolos*, XV, 20, XXI, 25), não parece inicialmente ter sido outra coisa a não ser a proibição de se dedicar à *caça;* porque nesta deve ocorrer com frequência comer carne crua e, proibindo esta última, também se interdiz ao mesmo tempo aquela.

/ B 53, 54, 55 – Nota / B 54, 55

156 | A PAZ PERPÉTUA

no tráfico comercial dos diferentes povos, através do qual estabeleceram entre si uma *relação pacífica* e entraram assim igualmente com os povos mais afastados numa relação de compreensão, comunidade e de paz.

Visto que a natureza providenciou que os homens possam viver sobre a Terra, quis igualmente e de modo despótico / que eles *tenham* de viver, inclusive contra a sua inclinação, e sem que este *dever* pressuponha ao mesmo tempo um conceito de dever que a vincule por meio de uma lei moral; a natureza escolheu a guerra para obter este fim. – Vemos povos que manifestam na unidade da sua língua a unidade da sua origem, como os samoiedos no oceano glacial, por um lado, e vemos, por outro, um povo com uma língua semelhante nas montanhas de *Altai,* separados entre si por duzentas milhas; entre eles penetrou pela força um outro povo, o Mongol, povo de ginetes e, por conseguinte, guerreiro e assim dispersou uma parte daquela raça para longe desta, para as inóspitas regiões geladas, para onde certamente não se teriam estendido por inclinação própria ([42]). / O mesmo se passa com os *Finlandeses* na região setentrional da Europa, chamados Lapões, agora tão afastados dos *Húngaros,* mas com eles aparentados pela língua, separados entretanto pela irrupção dos povos góticos e sármatas; e que outra coisa pode ter impelido os *Esquimós*

([42]) Poderia perguntar-se: se a natureza quis que estas costas geladas não permaneçam desabitadas, que será dos seus habitantes quando não lhes chegar mais madeira (como é de esperar)? Com efeito, devemos crer que, com o progresso da / cultura, os íncolas das regiões temperadas aproveitem melhor a madeira que cresce nas margens dos seus rios e já não cairá às torrentes, e assim não será também levada ao mar. Respondo: Os habitantes do Obi, do Jenisei, do Lena, etc., fornecê-las-ão através do comércio e trocando por ela os produtos do reino animal em que o mar nas costas polares é tão rico, quando a natureza os tiver primeiro obrigado à paz entre eles.

/ B 55, 56, 57 – Nota / B 56, 57

A PAZ PERPÉTUA. UM PROJECTO FILOSÓFICO | 157

(talvez os aventureiros europeus mais antigos, uma raça inteiramente diversa de todas as americanas) para o Norte, e os *Fueguinos,* no Sul da América, para a Terra do Fogo senão a guerra, de que a natureza se serve como de um meio para povoar a Terra? Mas a guerra não precisa de um motivo particular, / pois parece estar enxertada na natureza humana e parece mesmo impor-se como algo de *nobre,* a que o homem é incitado pelo impulso da *honra* sem motivos egoístas; pelo que a *coragem guerreira* se julga como dotada de um grande valor imediato (tanto pelos selvagens americanos como pelos europeus, na época da *cavalaria)* não só *quando* há guerra (o que é sensato), mas também se julga de grande valor *que* haja guerra e, com frequência, esta iniciou-se para simplesmente mostrar aquela coragem, por conseguinte, põe-se na guerra em si mesma uma *dignidade* intrínseca e de tal modo que alguns filósofos chegam a fazer-lhe um panegírico como se fora um enobrecimento da humanidade, esquecendo-se do mote daquele grego: «A guerra é má porque faz mais gente má do que a que leva.» – Até aqui a questão do que a natureza faz *para o seu próprio fim,* considerando o género humano como uma espécie animal.

Agora, surge a questão que concerne ao essencial do propósito da paz perpétua: «O / que a natureza neste desígnio faz em relação ao fim, que a razão impõe ao homem como dever, por conseguinte, para a promoção da sua *intenção moral,* e como a natureza subministra a garantia de que aquilo que o homem *devia* fazer segundo as leis da liberdade, mas que não faz, fica assegurado de que o fará, sem que a coacção da natureza cause dano a esta liberdade; e isto fica assegurado precisamente segundo as três relações do direito público, o *direito político,* o *direito das gentes,* e o *direito cosmopolita.*» Quando digo que a natureza quer que isto ou aquilo ocorra não significa que ela nos imponha um dever de o fazer (pois isso

/ B 57, 58, 59

158 | A PAZ PERPÉTUA

só o pode fazer a razão prática isenta de coacção), mas que ela própria o faz quer queiramos quer não *(fata volenteum ducunt, nolentem trahunt).*

1. Mesmo se um povo não fosse compelido por discórdias internas a submeter-se à coacção de leis públicas, fá-lo-ia no entanto a guerra a partir de fora, pois, / segundo a disposição natural antes mencionada, todo o povo encontra diante de si um outro povo que se impõe como vizinho e contra o qual ele deve constituir-se internamente num *Estado* para assim, como *potência,* estar armado contra aquele. Ora, a constituição republicana é a única perfeitamente adequada ao direito dos homens, mas é também a mais difícil de estabelecer, e mais ainda de conservar e a tal ponto que muitos afirmam que deve ser um Estado de *anjos* porque os homens, com as suas tendências egoístas, não estão capacitados para uma constituição de tão sublime forma. Mas vem então a natureza em ajuda da vontade geral, fundada na razão, respeitada mas impotente na prática, e vem precisamente através das tendências egoístas, de modo que dependa só de uma boa organização do Estado (a qual efectivamente reside no poder do homem) a orientação das suas forças, de modo que umas detenham as outras nos seus efeitos destruidores ou os eliminem: o resultado para a razão é como se essas tendências não existissem e / assim o homem está obrigado a ser um bom cidadão, embora não esteja obrigado a ser moralmente um homem bom. O problema do estabelecimento do Estado, por mais áspero que soe, tem solução, inclusive para um povo de demónios (contanto que tenham entendimento), e formula-se assim: «Ordenar uma multidão de seres racionais que, para a sua conservação, exigem conjuntamente leis universais, às quais, porém, cada um é inclinado no seu interior a eximir-se, e estabelecer a sua constituição de um modo tal que estes, embora opondo-se uns aos outros nas suas dispo-

/ B 59, 60, 61

A PAZ PERPÉTUA. UM PROJECTO FILOSÓFICO | 159

sições privadas, se contêm no entanto reciprocamente, de modo que o resultado da sua conduta pública é o mesmo que se não tivessem essas disposições más.» Um problema assim deve ter *solução*. Pois não se trata do aperfeiçoamento moral do homem, mas apenas do mecanismo da natureza; a tarefa consiste em saber como é que no homem tal mecanismo se pode utilizar a fim de coordenar o antagonismo das suas disposições pacíficas no seio de um povo e de um modo tal que se obriguem mutuamente a submeter-se a leis coactivas, suscitando assim o estado / de paz em que as leis têm força. Isto também se pode observar nos Estados existentes, organizados ainda muito imperfeitamente, pois, na sua conduta externa, aproximam-se muito do que prescreve a ideia de direito, embora, claro está, a causa de semelhante comportamento não seja o cerne da moralidade (como também não é causa da boa constituição do Estado, antes pelo contrário, desta última é que se deve esperar, acima de tudo, a boa formação moral de um povo); por conseguinte, o mecanismo da natureza através das inclinações egoístas, que se opõem entre si de modo natural também externamente, pode ser utilizado pela razão como um meio de criar espaço para o seu próprio fim, a regulação jurídica, e assim também, tanto quanto depende do próprio Estado, de fomentar e garantir a paz interna e externa. Isto significa, pois, que a natureza *quer* a todo o custo que o direito conserve, em último termo, a supremacia. O que não se faz aqui e agora por negligência far-se-á finalmente por si mesmo, embora com muito incómodo. / «Se a cana se dobrar demasiado quebra; e quem quer demasiado nada quer» *(Bouterweck)*.

2. A ideia do direito das gentes pressupõe a *separação* de muitos Estados vizinhos, independentes uns dos outros; e, embora semelhante situação seja em si já uma situação de guerra (se uma associação federativa dos mesmos não evita

/ B 61, 62, 63

160 | A PAZ PERPÉTUA

a ruptura das hostilidades) é, no entanto, melhor, segundo a ideia da razão, do que a sua fusão por obra de uma potência que controlasse os outros e se transformasse numa monarquia universal; porque as leis, com o aumento do âmbito de governação, perdem progressivamente a sua força e também porque um despotismo sem alma acaba por cair na anarquia, depois de ter erradicado os germes do bem. No entanto, o anseio de todo o Estado (ou da sua autoridade suprema) é estabelecer-se numa situação de paz duradoira de modo a dominar, se possível, o mundo inteiro. Mas a *natureza quer* / outra coisa. – Serve-se de dois meios para evitar a confusão dos povos e os separar: a diferença das *línguas* e das *religiões* ([43]); esta diferença traz, sem dúvida, consigo a inclinação para o ódio mútuo e o pretexto para a guerra, mas com o incremento da cultura e a gradual aproximação dos homens de uma maior consonância nos princípios leva à conivência na paz, a qual se gera e garante não através do enfraquecimento de todas as forças, como acontece no despotismo (cemitério da / liberdade), mas mediante o seu equilíbrio, na mais viva emulação.

3. Assim como a natureza separa sabiamente os povos, que a vontade de cada Estado gostaria de unir com astúcia ou violência, baseando-se mesmo no direito das gentes, assim une também, por outro lado, povos que o conceito do direito cosmopolita não teria protegido contra a violência

---

([43]) *Diversidade das religiões:* expressão estranha! Tal como também se falasse de diferentes *morais*. Pode, sem dúvida, haver diferentes tipos de fé que não radicam na religião, mas na história dos meios utilizados para o seu fomento, pertencentes ao campo da erudição; e pode igualmente haver diferentes livros religiosos (Zendavesta, Meda, Corão, etc.); mas só pode existir uma única *religião* válida para todos os homens e em todos os tempos. Por conseguinte, as crenças nada mais contêm a não ser o veículo da religião que é acidental e pode variar segundo os tempos e os lugares.

/ B 63, 64, 65 – Nota / B 64

A PAZ PERPÉTUA. UM PROJECTO FILOSÓFICO | 161

e a guerra, mediante o seu próprio proveito recíproco. É o *espírito comercial* que não pode coexistir com a guerra e que, mais cedo ou mais tarde, se apodera de todos os povos. Porque entre todos os poderes (meios) subordinados ao poder do Estado, o *poder do dinheiro* é sem dúvida o mais fiel, os Estados vêem-se forçados (claro está, não por motivos da moralidade) a fomentar a nobre paz e a afastar a guerra mediante negociações sempre que ela ameaça rebentar em qualquer parte do mundo, como se estivessem por isso numa / aliança estável, pois as grandes coligações para a guerra, por sua natureza própria, só muito raramente podem ocorrer e ainda com muito menos frequência ter êxito. – Deste modo, a natureza garante a paz perpétua através do mecanismo das inclinações humanas; sem dúvida, com uma segurança que não é suficiente para *vaticinar* (teoricamente) o futuro mas que chega, no entanto, no propósito prático, e transforma num dever o trabalhar em vista deste fim (não simplesmente quimérico).

/ Suplemento Segundo

Artigo secreto para a paz perpétua

Um artigo secreto nas negociações do direito público é objectivamente, isto é, considerado segundo o seu conteúdo, uma contradição; mas pode muito bem ter em si um segredo, subjectivamente, isto é, avaliado segundo a qualidade da pessoa que o dita, por esta achar inconveniente para a sua dignidade manifestar-se publicamente como seu autor.

O único artigo desta espécie está contido na proposição: *«As máximas dos filósofos sobre as condições de possibilidade da paz pública devem ser tomadas em consideração pelos Estados preparados para a guerra.»*

/ B 65, 66, 67

162 | A PAZ PERPÉTUA

Parece, porém, minimizar / a autoridade legisladora de um Estado, ao qual naturalmente se deve atribuir a máxima sabedoria, procurar conselho nos seus súbditos (os filósofos) sobre os princípios do seu comportamento em relação aos outros Estados; no entanto, é muito aconselhável fazê-lo. O Estado convidará, portanto, os filósofos *em silêncio* (portanto, fazendo disso um segredo), o que significa tanto como *deixá-los falar* livre e publicamente sobre as máximas gerais da condução da guerra e do estabelecimento da paz (pois eles farão isso por si mesmos, sempre que não lhes for proibido); e a coincidência dos Estados entre si acerca deste ponto não precisa também de nenhuma razão especial com este propósito, mas já reside na obrigação mediante a razão humana universal (moral e legisladora). – Não se pretende com isto dizer que o Estado deve conceder a prioridade aos princípios do filósofo sobre as determinações do jurista (representante do poder político), mas simplesmente que se lhe *dêem ouvidos*. O jurista, que adoptou como símbolo a *balança* do direito e também a *espada* da justiça, serve-se comummente desta última não só para / apartar da balança toda a influência estranha, mas também para a pôr na balança quando um dos pratos não se quer baixar *(vae victis)* (*); o jurista que não é ao mesmo tempo filósofo (mesmo segundo a moralidade) sente a maior tentação para isso porque é próprio do seu ofício aplicar apenas as leis existentes, mas não investigar se estas necessitam de um melhoramento, e considera como superior este nível da sua faculdade que, efectivamente, é inferior, por estar acompanhado do poder (como também acontece nos outros dois casos). – O poder da filosofia está num nível muito inferior por baixo deste poder aliado. Diz-se assim, por exemplo, que a filosofia é a *serva* da teologia

---

(*) «Ai dos vencidos!»

/ B 67, 68, 69

A PAZ PERPÉTUA. UM PROJECTO FILOSÓFICO | 163

(e o mesmo se afirma acerca das outras duas). – Mas não se vê muito bem «se ela vai à frente da sua digna senhora com a tocha, ou se segue atrás pegando na cauda».

Não é de esperar nem também de desejar que os reis filosofem ou que os filósofos se tornem reis, porque a posse do poder prejudica inevitavelmente o livre juízo da razão. / É imprescindível, porém, para ambos que os reis ou os povos soberanos (que se governam a si mesmos segundo as leis de igualdade) não deixem desaparecer ou emudecer a classe dos filósofos, mas os deixem falar publicamente para a elucidação dos seus assuntos, pois a classe dos filósofos, incapaz de formar bandos e alianças de clube pela sua própria natureza, não é suspeita da deformação de uma *propaganda*.

/ Apêndice

I

Sobre a discrepância entre a moral e a política a respeito da paz perpétua

A moral é já em si mesma uma prática em sentido objectivo, como conjunto de leis incondicionalmente obrigatórias, segundo as quais *devemos* agir, e é uma incoerência manifesta, após se ter atribuído a autoridade a este conceito de dever, querer dizer ainda que não se *pode* obedecer. Pois então semelhante conceito sai por si mesmo da moral *(ultra posse nemo obligatur)*: por conseguinte, não pode existir nenhum conflito entre a política, enquanto teoria do direito aplicado, e a moral, como teoria do / direito, mas teorética (por conseguinte, não pode haver nenhum conflito entre a prática e a teoria): deveria pois entender-se pela última uma *teoria geral da prudência* [*Klugheitslehre*], isto é, uma teoria das máximas para esco-

---

/ B 69, 70, 71, 72

164 | A PAZ PERPÉTUA

lher os meios mais adequados aos seus propósitos, avaliados segundo a sua vantagem, isto é, negar que existe uma moral em geral.

A política diz: «*Sede prudentes como a serpente*»; a moral acrescenta (como condição limitativa): «*e sem falsidade como as pombas*». Se as duas coisas não podem coexistir num preceito, então há realmente um conflito entre a política e a moral; mas se ambas devem unir-se, então é absurdo o conceito do contrário e nem sequer se pode pôr como tarefa a questão de como eliminar semelhante conflito. Embora a proposição – a *honradez é a melhor política* – contenha uma teoria que a prática infelizmente com frequência contradiz, a proposição, igualmente teórica, *a honradez é melhor que toda a política* – infinitamente acima de toda a objecção, é a / condição ineludível da última. O deus-término da moral não recua perante Júpiter (o deus-término do poder), pois este encontra-se ainda sob o destino, isto é, a razão não está suficientemente elucidada para abarcar a série das causas antecedentes que, segundo o mecanismo da natureza, permitam com segurança anunciar previamente o resultado feliz ou mau das acções e omissões dos homens (embora permitam aguardá-lo de harmonia com o desejo). Mas ilumina-nos em toda a parte com suficiente clareza para sabermos o que temos de fazer, a fim de permanecermos na senda do dever (segundo as regras da sabedoria) e alcançar o fim último.

Ora, o prático (para quem a moral é simples teoria) funda a sua *desdever* e o *poder* precisamente em que, a partir da natureza do homem, pretende ver com antecedência que este *nunca* quererá o que se exige para realizar o fim que leva à paz perpétua. – Sem dúvida, a vontade de *todos os homens singulares* de viverem numa / constituição legal segundo os princípios da liberdade (a unidade *distributiva* da vontade de *todos)* não é suficiente para tal fim, mas exige-se ainda que

/ B 72, 73, 74

A PAZ PERPÉTUA. UM PROJECTO FILOSÓFICO | 165

todos em conjunto queiram esta situação (a unidade *colectiva* das vontades *unidas*); esta solução de um difícil problema requer-se ainda para que se constitua o todo da sociedade civil, e visto que à diversidade do querer particular de todos se deve acrescentar ainda uma causa unificadora do mesmo de modo a suscitar uma vontade comum, o que nenhum deles consegue, não se deve contar, na *execução* daquela ideia (na prática) com nenhum outro começo do estado jurídico a não ser o começo pela *força,* sobre cuja coacção se fundará ulteriormente o direito público – o que, sem dúvida, permite esperar já antecipadamente grandes desvios daquela ideia (da teoria) na experiência / real (em virtude de aqui pouco se poder ter em conta a disposição moral do legislador de deixar, após uma reunião efectiva da multidão inculta de um povo, que este pela sua vontade comum realize uma constituição legal).

Isto significa então: quem alguma vez tem nas mãos o poder não deixará que o povo lhe prescreva leis. Um Estado, uma vez senhor da situação de não se sujeitar a nenhuma lei exterior, não admitirá, no tocante ao modo como deve buscar o seu direito contra outros Estados, tornar-se dependente do seu tribunal, e mesmo uma parte do mundo, quando se sente superior a outra que, de resto, não se atravessa no seu caminho, não deixará sem uso o meio de fortalecer o seu poder, mediante a rapina ou até a dominação sobre a mesma; e assim se desvanecem então todos os planos da teoria acerca do direito público, do direito das gentes e do direito cosmopolita, em ideais impraticáveis e vazios; em contrapartida, uma prática fundada em princípios empíricos da natureza humana, em que não se considera demasiado baixo tirar ensinamentos para as suas máximas do modo como as coisas ocorrem no mundo, é a única que poderia esperar encontrar um fundamento seguro para o seu edifício da prudência política.

/ B 74, 75

166 | A PAZ PERPÉTUA

/ Certamente, quando não existe liberdade nem lei moral nela fundada, mas tudo o que acontece ou pode acontecer é simples mecanismo da natureza, então a política (enquanto arte de o utilizar para o governo dos homens) constitui toda a sabedoria prática, e o conceito de direito é um pensamento sem conteúdo. Se, porém, se considera inevitavelmente necessário ligar tal pensamento com a política, e mais ainda elevá-lo à condição limitante da última, deve então admitir-se a possibilidade de unir as duas. Posso pensar, sem dúvida, um *político moral,* isto é, um homem que assume os princípios da prudência política de um modo tal que possam coexistir com a moral, mas não posso pensar um *moralista político,* que forja uma moral útil às conveniências do homem de Estado.

O político moral formulará para si este princípio: se alguma vez na constituição de um Estado ou nas relações entre Estados se encontrarem defeitos que não foi possível impedir, é um dever, sobretudo para / os chefes de Estado, reflectir o modo como eles se poderiam, logo que possível, corrigir e coadunar-se com o direito natural, tal como ele se oferece aos nossos olhos como modelo na ideia da razão, mesmo que tenha de custar o sacrifício do amor-próprio. Ora, visto que a rotura de uma união estatal ou de uma co-ligação cosmopolita, antes de se dispor de uma constituição melhor que a substitua, é contrária a toda a prudência polí-tica conforme neste ponto com a moral, seria absurdo exigir que aquele defeito fosse erradicado imediatamente e com violência; o que, sim, se pode exigir ao detentor do poder é que, pelo menos, tenha presente no seu íntimo a máxima da necessidade de semelhante modificação para se manter numa constante aproximação ao fim (a melhor constituição segundo as leis jurídicas). Um Estado pode já também *governar-se* como uma república embora ainda possua, segundo a constituição vigente, um poder soberano despótico, até que o povo se

/ B 76, 77

A PAZ PERPÉTUA. UM PROJECTO FILOSÓFICO | 167

torne progressivamente capaz de receber a influência da pura ideia da autoridade da lei (como se esta possuísse / *força* física) e, por conseguinte, se encontre preparado para a si mesmo dar uma legislação própria (que originariamente se funda no direito). Se também pela violência de uma revolução, gerada por uma má constituição, se tivesse conseguido de um modo ilegítimo uma constituição mais conforme à lei, não se deveria já considerar lícito reconduzir o povo novamente à antiga constituição, embora durante a vigência desta quem tenha perturbado a ordem com violência ou astúcia ficasse justamente submetido às sanções do rebelde. Mas no tocante às relações exteriores dos Estados, não se pode exigir a um Estado que tenha de renunciar à sua constituição, ainda que despótica (que, é porém, a mais forte em relação aos inimigos exteriores), enquanto corre o perigo de ser imediatamente devorado por outros Estados; por conseguinte, com essa finalidade deve permitir-se também o adiamento da execução até melhor oportunidade ([44])

/ Pode, pois, acontecer sempre que os moralistas despóticos (que falham na execução) choquem de diferentes maneiras contra a prudência política (através de medidas tomadas ou recomendadas à pressa); assim, nesta sua

---

([44]) São leis permissivas da razão conservar a situação de um direito / público, viciado pela injustiça, até por si mesma estar madura para uma transformação plena ou se aproximar da sua maturação por meios pacíficos; pois qualquer constituição *jurídica,* embora só em grau mínimo seja conforme ao direito, é melhor do que nenhuma; uma reforma *precipitada* depararia com o seu último destino (a anarquia). – A sabedoria política, no estado em que as coisas agora estão, converterá num dever a realização de reformas adequadas ao ideal do direito público: utilizará, porém, as revoluções, onde a natureza por si mesma as suscita, não para desculpar uma opressão ainda maior, mas como apelo da natureza a instaurar, por meio de reformas profundas, uma constituição legal fundada nos princípios da liberdade, como a única constituição permanente.

/ B 77, 78, 79 – Nota / B 78, 79

168 | A PAZ PERPÉTUA

infracção contra a natureza, a experiência é que os deve pouco a pouco conduzir para uma senda melhor. Pelo contrário, os políticos moralizantes, mediante a desculpa de princípios políticos contrários ao direito sob o pretexto de uma natureza humana *incapaz* do bem, / segundo a ideia que a razão lhe prescreve, tornam impossível, tanto quanto deles depende, o melhoramento e perpetuam a violação do direito.

Em vez da prática, de que estes astutos políticos se ufanam, lidam com *práticas,* porque só pensam em adular o poder agora dominante (para não perderem a sua vantagem particular), abandonando o povo e, se possível, o mundo inteiro, segundo o estilo de verdadeiros juristas quando sobem à política (juristas de artesanato, não de legislação). Como não é negócio seu usar de subtilezas a propósito da legislação, mas aplicar os preceitos actuais do *Landrecht,* toda a constituição legal agora existente e, se esta for modificada por uma instância superior, a que se segue deve para eles ser sempre a melhor, pois assim tudo se encontra na sua conveniente ordem mecânica. Mas se esta habilidade para se adaptar a toda as circunstâncias lhes inspira a ilusão de também poderem julgar os princípios de uma *constituição política* / em geral, segundo os conceitos do direito (portanto, *a priori,* e não empiricamente); se assumem ares de conhecer os *homens* (o que, sem dúvida, é de esperar, pois têm que lidar com muitos) sem, no entanto, conhecer o *homem* e o que dele se pode fazer (para isso exige-se o ponto de vista superior da observação antropológica), e munidos destes conceitos se acercam do direito político e do direito das gentes, tal como a razão o prescreve, então, não podem fazer essa transição a não ser com espírito de *chicana,* pois seguem o seu procedimento habitual (o de um mecanismo que actua segundo leis coactivas despoticamente dadas), mesmo onde os conceitos da razão querem apenas fundar a coacção legal segundo os princípios da liberdade, coacção por meio da

/ B 79, 80, 81

A PAZ PERPÉTUA. UM PROJECTO FILOSÓFICO | 169

qual apenas é possível uma constituição política conforme ao direito. Eis um problema que o pretenso prático, passando por alto aquela ideia, julga poder resolver empiricamente a partir da experiência do modo como foram instituídas as constituições vigentes até ao momento, na sua maior parte, porém, contrárias ao direito. – As máximas de que se serve (embora, sem dúvida, / não as formule em voz alta) desembocam mais ou menos nas seguintes máximas sofistas.

1. *Fac et excusa* (*). Aproveita a ocasião favorável para arbitrariamente entrares na posse (ou de um direito do Estado sobre o seu povo ou sobre outro povo vizinho); a justificação será muito mais fácil e mais elegante *depois do facto,* e pode dissimular-se a violência (sobretudo no primeiro caso, em que o poder supremo no interior é também a autoridade legisladora a que se deve obedecer, sem usar de subtilezas a seu respeito), do que se antes se quisesse reflectir sobre motivos convincentes e esperar ainda as objecções. Esta própria audácia confere uma certa aparência de convicção interior à legitimidade do acto e o deus *bonus eventus* é depois o melhor advogado.

2. *Si fecisti nega* (**). O que tu próprio perpetraste, por exemplo, para levar o teu povo ao desespero e assim à revolta, nega que seja culpa *tua;* afirma, / pelo contrário, que a culpa reside na obstinação do súbdito ou, se te apoderas de um povo vizinho, a culpa é da natureza do homem, o qual, se não se antecipa ao outro com violência, pode estar certo de que será este a antecipar-se-lhe e a submetê-lo ao seu poder.

(*) «Actua e justifica-te.»
(**) «Se fizeste algo, nega.»

/ B 81, 82, 83

A PAZ PERPÉTUA

3. *Divide et impera* (*). Isto é, se no teu povo existem certas personalidades privilegiadas que simplesmente te escolheram como seu chefe supremo *(primus inter pares)* desune-as e isola-as do povo; fica então ao lado deste último sob a falsa pretensão de maior liberdade e assim tudo dependerá da tua vontade absoluta ou, se se trata de Estados exteriores, a criação da discórdia entre eles é um meio bastante seguro de os submeteres a ti um após outro, sob a aparência de apoiar o mais débil.

Com estas máximas políticas ninguém certamente se engana, pois já são todas universalmente conhecidas; também não é / o caso de delas se envergonhar, como se a injustiça brilhasse com demasiada evidência diante dos olhos. Com efeito, porque as grandes potências nunca se envergonham do juízo da multidão comum, mas apenas se envergonham umas diante das outras, no tocante àqueles princípios não é a revelação pública, mas apenas o *fracasso* dos mesmos que as pode levar à vergonha (pois, quanto à moralidade das máximas, todas elas estão de acordo), pelo que lhes resta sempre a *honra política,* com a qual podem contar com toda a segurança, a saber, a honra do *engrandecimento do seu poder,* seja qual for o caminho para se poder alcançar (45).

(*) «Cria divisões e vencerás.»

(45) Embora se possa duvidar de uma certa maldade radicada na natureza dos homens que convivem num Estado e, em vez dela, se possa com alguma aparência aduzir a carência de uma cultura ainda não suficientemente desenvolvida (a barbárie) como causa das manifestações do seu modo de pensamento contrárias ao direito, contudo, nas relações externas dos Estados entre si essa maldade manifesta-se de um modo patente e incontestável. No interior de cada Estado, encontra-se encoberta pela coacção das leis civis, / pois a tendência dos cidadãos para a violência recíproca é activamente inibida por um poder maior, a saber, o do governo,

---

/ B 83, 84 – Nota / B 84, 85

A PAZ PERPÉTUA. UM PROJECTO FILOSÓFICO | 171

*

* *

/ De todas estas sinuosidades de uma teoria imoral da prudência para suscitar o estado de / paz entre os homens, a partir do estado natural de guerra, depreende-se o seguinte: os homens não podem subtrair-se ao conceito de direito nem nas suas relações privadas, nem nas públicas, e não se atrevem a fundar a política abertamente só nas manobras da astúcia e, por conseguinte, a recusar toda a obediência ao conceito de um direito público (o que é sobretudo surpreendente na obediência ao direito das gentes); tributam-lhe, pelo contrário, em si mesmo todas as honras devidas, embora devam também inventar centenas de desculpas e escapatórias para o iludir na prática e atribuir falsamente ao poder astuto a autoridade de ser a origem e o vínculo de todo o direito. – Para pôr termo a esses sofismas (embora não à injustiça

---

e assim não só fornece ao conjunto um verniz moral *(causae non causae)*, mas também em virtude de impedir a erupção de tendências contrárias à lei facilita muito o desenvolvimento da disposição moral ao respeito pelo direito. – Com efeito, cada um crê por si mesmo que consideraria sagrado o conceito de direito e o acataria com fidelidade se pudesse esperar o mesmo de todos os outros – o que, em parte, o governo lhe garante; deu-se, pois, assim um grande *passo para a moralidade* (se bem que ainda não um passo moral), ao aderir-se a este conceito de dever por si mesmo, sem tomar em conta a reciprocidade. – Mas visto que cada um na sua boa opinião acerca de si próprio pressupõe, no entanto, uma má disposição em todos os outros, o juízo que mutuamente têm de si mesmos é que *todos,* no tocante *à realidade,* pouco valem (pode ficar sem explicação a origem de tal juízo, já que não é possível culpar a *natureza* do homem como um ser / livre). Mas dado que o respeito pelo conceito de direito, a que o homem de nenhum modo se pode subtrair, sanciona do modo mais solene a teoria da sua capacidade para se lhe adequar, cada um vê então que, da sua parte, deveria agir em conformidade com o direito, seja qual for o modo como os outros o queiram observar.

/ B 85, 86, 87 – Nota / B 85, 86

172 | A PAZ PERPÉTUA

por meio deles dissimulada) / e levar os falsos *representantes* dos poderosos da terra a confessar que não falam em prol do direito, mas da força, do qual tomam o tom como se eles próprios tivessem aqui algo que mandar, será bom revelar a ilusão com que alguém se engana a si e aos outros, descobrir e mostrar o supremo princípio, de que promana a intenção da paz perpétua: que todo o mal que se lhe atravessa no caminho provém de o moralista político começar no ponto em que justamente o político moral acaba e, ao subordinar assim os princípios aos fins (isto é, ao pôr os cavalos à frente da carroça), torna vão o seu propósito de conciliar a política com a moral.

Para harmonizar a filosofia prática consigo mesma é necessário, em primeiro lugar, resolver a questão de se, nos problemas da razão prática, se deve tomar como ponto de partida o *princípio material* dela, o *fim* (como objecto do arbítrio), ou antes / o *princípio formal,* isto é, o princípio (fundado apenas sobre a liberdade na relação exterior) que diz: age de tal modo que possas querer que a tua máxima se torne uma lei universal (seja qual for o fim que ele queira).

Sem dúvida alguma, este último princípio deve ir à frente, pois tem, como princípio de direito, uma necessidade incondicionada; o primeiro princípio, pelo contrário, só é necessitante no pressuposto das condições empíricas do fim proposto, a saber, da sua realização, e se este fim (por exemplo, a paz perpétua) fosse também um dever deveria ele próprio deduzir-se do princípio formal das máximas para a acção exterior. – Ora, o primeiro princípio, o do *moralista político* (o problema do direito político, do direito das gentes, do direito cosmopolita), é um simples problema técnico *(problema tecnicum),* ao passo que o segundo como princípio do *político moralista,* para o qual é um problema moral *(problema morale),* é diametralmente diverso do outro no procedimento

/ B 86, 87, 88

A PAZ PERPÉTUA. UM PROJECTO FILOSÓFICO | 173

para suscitar a paz perpétua, que se deseja agora não só como um bem / físico, mas também como um estado nascido do reconhecimento do dever.

Para a solução do primeiro, isto é, do problema da astúcia política, requere-se um grande conhecimento da natureza para utilizar o seu mecanismo a favor do fim pensado e, no entanto, todo este conhecimento é incerto quanto ao seu resultado, no tocante à paz perpétua, quer se tome ora uma ora outra das três divisões do direito público. É incerto se o povo no interior e, claro está, por muito tempo, se poderia manter melhor na obediência e ao mesmo tempo no florescimento pelo rigor ou graças ao chamariz da vaidade, ou pelo poder supremo de um único indivíduo, ou através da união de vários chefes, talvez também só mediante uma nobreza ou pelo poder do povo. Na história, há exemplos do contrário de todos os tipos de governo (excepto o republicano autêntico, que só pode ser pensado por um político moral). – Mais incerto ainda é um *direito das gentes* presumivelmente / erigido sobre estatutos de planos ministeriais, um direito que na realidade é apenas uma palavra sem conteúdo e se baseia em contratos que encerram, já no próprio acto da sua conclusão, a reserva secreta da sua transgressão. – Pelo contrário, a solução do segundo problema, a saber, o da *sabedoria política,* impõe-se, por assim dizer, por si mesma, é clara para toda a gente e faz de todo o artifício uma vergonha e vai directamente ao fim; recordando porém a prudência para não puxar o fim com violência e com precipitação, mas se aproximar dele incessantemente, segundo a característica das circunstâncias favoráveis.

Isto significa então: «Aspirai antes de mais ao reino da razão pura prática e à sua *justiça* e o vosso fim (o benefício da paz perpétua) ser-vos-á dado por si mesmo.» Pois a moral tem em si a peculiaridade e, claro está, no tocante aos seus princípios do direito público (por conseguinte, em relação

/ B 88, 89, 90

174 | A PAZ PERPÉTUA

a uma política cognoscível *a priori*) de que quanto menos faz depender o comportamento acerca do fim proposto, da vantagem intentada, seja / ela física ou moral, tanto mais com ele se torna em geral consonante. Isto sucede porque é precisamente a vontade geral dada *a priori* (num povo ou na relação de vários povos entre si) a única que determina o que é de direito entre os homens; esta união da vontade de todos, porém, se proceder consequentemente na execução, também segundo o mecanismo da natureza pode ser ao mesmo tempo a causa capaz de produzir o efeito intentado e de pôr em prática o conceito do direito. – Assim, por exemplo, um princípio da política moral é que um povo deve congregar-se num Estado segundo os conceitos exclusivos da liberdade e da igualdade, e este princípio não se funda na astúcia, mas no dever. Ora, por muito que os moralistas políticos possam entregar-se a subtilezas sobre o mecanismo natural de uma multidão humana que entra em sociedade, mecanismo que debilitaria aqueles princípios e frustraria a sua intenção, ou por muito que intentem demonstrar as suas afirmações mediante exemplos de constituições mal organizadas de tempos antigos e recentes (por exemplo, de democracias sem / sistema de representação), não merecem ser ouvidos; sobretudo porque uma tão perniciosa teoria produz precisamente o mal que prediz, pois segundo tal teoria o homem é lançado para a classe das restantes máquinas vivas, às quais se deixaria apenas ainda a consciência de não serem seres livres, a fim de se tornarem, segundo o seu próprio juízo, os mais miseráveis de todos os seres no universo.

A frase, sem dúvida, algo retumbante que se fez proverbial, mas verdadeira – *fiat justitia, pereat mundus* – pode assim traduzir-se: «reine a justiça e pereçam todos os velhacos deste mundo»; é um honesto princípio de direito que corta todos os caminhos sinuosos traçados pela insídia ou pela violência.

/ B 90, 91

A PAZ PERPÉTUA. UM PROJECTO FILOSÓFICO | 175

Só que não se deve interpretar mal como uma autorização de usar o próprio direito com o máximo rigor (o que se oporia ao dever ético); o princípio deve entender-se como a obrigação dos detentores do poder de não recusar a ninguém o seu direito, nem de o restringir / por antipatia ou compaixão por outra pessoa; para isso, requer-se sobretudo uma constituição interna do Estado em conformidade com os puros princípios do direito e, em seguida, também a união dele com outros Estados vizinhos ou distantes, em vista de um ajustamento legal (análogo a um Estado universal) das suas discordâncias. – Esta proposição quer apenas dizer que as máximas políticas não devem derivar do bem-estar ou da felicidade de cada Estado, aguardadas como consequência da sua aplicação, por conseguinte, não derivam do fim que cada Estado para si estabelece como objecto (do querer), como princípio supremo (mas empírico) da sabedoria política, mas do puro conceito do dever jurídico (da obrigação moral, cujo princípio *a priori* é dado pela razão pura), sejam quais forem as consequências físicas que se pretendam. O mundo de nenhum modo perecerá por haver menos homens maus. O mal moral tem a propriedade, inseparável da sua natureza, de se contradizer e destruir nas suas intenções (sobretudo em relação aos que pensam / da mesma maneira), e deixa assim lugar, embora mediante um lento progresso, ao princípio (moral) do bem.

*
*   *

Não há, pois, *objectivamente* (na teoria), nenhum conflito entre a moral e a política. Em contrapartida, *subjectivamente* (na inclinação egoísta dos homens que, por não estar fundada nas máximas da razão, não se deve ainda chamar prática), há

/ B 91, 92, 93

176 | A PAZ PERPÉTUA

e pode haver sempre esse conflito porque serve de pedra de afiar à virtude, cujo verdadeiro valor [segundo o princípio: *tu ne cede malis sed contra audentior ito* (*)] não consiste tanto, no caso presente, em se opor com firme propósito aos males e sacrifícios que se devem aceitar, mas em olhar de frente o princípio mau que habita em nós mesmos e vencer a sua astúcia, princípio muito mais perigoso, enganador e traidor, capaz porém de raciocinar com subtileza e de aduzir a debilidade da natureza humana como justificação de toda a transgressão.

/ Na realidade, o moralista político pode dizer: o soberano e o povo ou um povo e outro não cometem injustiça *entre si* quando, pela violência ou mediante a astúcia, se guerreiam um ao outro, embora cometam, sem dúvida, em geral uma injustiça quando negam todo o respeito ao conceito de direito, que é o único que poderia fundar a paz para sempre. Pois, visto que um transgride o seu dever em relação ao outro, o qual tem também contra aquele as mesmas disposições contrárias ao direito, *acontece-lhes* muito justamente aniquilarem-se entre si, mas de um modo tal que daquela raça sempre resta alguém para não deixar terminar este jogo até às épocas mais longínquas, a fim de que uma descendência tardia tire deles um exemplo admonitório. A providência está assim justificada no curso do mundo, pois o princípio moral nunca se extingue no homem, e a razão, capaz pragmaticamente de realizar as ideias jurídicas segundo aquele princípio, cresce continuamente em virtude do incessante aumento da cultura, mas com ela cresce também a culpa das transgressões. Somente a criação, a saber, que tenha de haver sobre a Terra uma tal estirpe de seres / corrompidos em geral, não parece poder justificar-se por teodiceia alguma (se

---

(*) «Não cedas ao mal, mas enfrenta-o com ousadia.»

/ B 93, 94, 95

A PAZ PERPÉTUA. UM PROJECTO FILOSÓFICO | 177

admitir-mos que o género humano nunca será nem poderia ser mais bem constituído); mas este juízo é para nós demasiado elevado, para podermos submeter os nossos conceitos (de sabedoria) ao poder supremo, que, do ponto de vista teórico, nos é imperscrutável. – Seremos inevitavelmente compelidos a essas consequências desesperadas se não admitirmos que os princípios puros do direito têm realidade objectiva, isto é, podem levar-se a cabo; e, consequentemente, com eles devem lidar também o povo no Estado e, além disso, os Estados uns em relação aos outros, seja qual for a objecção em contrário que a política empírica possa levantar. A verdadeira política não pode, pois, dar um passo sem antes ter rendido preito à moral, e embora a política seja por si mesma uma arte difícil, não constitui no entanto arte alguma a união da mesma com a moral; pois esta corta o nó que aquela não consegue desatar, quando entre ambas surgem discrepâncias. – O direito / dos homens deve considerar-se sagrado, por maiores que sejam os sacrifícios que ele custa ao poder dominante; aqui não se pode realizar uma divisão em duas partes e inventar a coisa intermédia (entre direito e utilidade) de um direito pragmaticamente condicionado, mas toda a política deve dobrar os seus joelhos diante do direito, podendo, no entanto, esperar alcançar, embora lentamente, um estádio em que ela brilhará com firmeza.

II

/ Da harmonia da política com a moral segundo o conceito transcendental no direito público

Se no direito público prescindo, como habitualmente o concebem os juristas, de toda *a matéria* (segundo as diferentes relações empiricamente dadas dos homens no Estado, ou

---

/ B 95, 96, 97

178 | A PAZ PERPÉTUA

também dos Estados entre si), ainda me resta *a forma da publicidade,* cuja possibilidade está contida em toda a pretensão jurídica, porque sem ela não haveria justiça alguma (que só pode pensar-se como *publicamente manifesta),* por conseguinte, também não haveria nenhum direito, que só se outorga a partir da justiça.

Toda a pretensão jurídica deve possuir a possibilidade de ser publicada e a publicidade pode, pois, já que é muito fácil julgar se ela ocorre num caso concreto, isto é, se a publicidade se pode ou não harmonizar com os princípios do agente, subministrar *a priori* na razão um critério oportuno e de fácil / utilização, para conhecer imediatamente no último caso, por assim dizer, mediante um experimento da razão pura, a falsidade (ilegalidade) da pretensão suposta *(praetensio juris).*

Após semelhante abstracção de todo o empírico, que contém o conceito do direito político e do direito das gentes (como é, por exemplo, a maldade da natureza humana, que torna necessária a coacção), pode chamar-se à seguinte proposição a fórmula transcendental do direito público:

> *«São injustas todas as acções que se referem ao direito de outros homens cujas máximas não se harmonizem com a publicidade.»*

Este princípio não deve considerar-se apenas como *ético* (pertencente à doutrina da virtude) mas também como *jurídico* (concernente ao direito dos homens). Pois, uma máxima que eu não posso manifestar em *voz alta* sem que ao mesmo tempo se frustre a minha própria intenção, / que deve permanecer inteiramente *secreta* se quiser ser bem sucedida, e que eu não posso *confessar publicamente* sem provocar de modo inevitável a oposição de todos contra o meu

---

/ B 97, 98, 99

A PAZ PERPÉTUA. UM PROJECTO FILOSÓFICO | 179

propósito, uma máxima assim só pode obter a necessária e universal reacção de todos contra mim, cognoscível *a priori*, pela injustiça com que a todos ameaça. – É, além disso, simplesmente *negativa,* isto é, serve apenas para conhecer por meio da mesma o que *não é justo* em relação aos outros. Tal como um axioma, é indemonstrável, certa e, além disso, de fácil aplicação, como se pode ver nos seguintes exemplos do direito público.

1. *No tocante ao direito político (ius civitatis),* a saber, ao direito interno: ocorre nele a questão que muitos consideram de difícil resposta e que o princípio transcendental da publicidade soluciona com toda a facilidade: «É a revolta o meio legítimo para que um povo rejeite o poder opressivo do chamado tirano [*non titulo, sed exercitio talis* (*)]?» / Os direitos do povo são conculcados e a ele (ao tirano) não se lhe faz nenhuma injustiça por meio da destronização; a este respeito não há dúvida alguma. No entanto, é sumamente injusto, por parte dos súbditos, reivindicar o seu direito deste modo e não podem também queixar-se da injustiça se nesta luta forem vencidos e tiverem depois que suportar as mais duras penas.

Sobre este ponto, pode discutir-se muito a favor e contra, se se pretende resolver a questão por meio de uma dedução dogmática dos fundamentos do direito; mas o princípio transcendental da publicidade do direito público pode poupar esta prolixa discussão. Segundo o mesmo princípio, pergunte-se ao povo, antes do estabelecimento do pacto civil, se ele se atreveria a tornar pública a máxima do desígnio de uma eventual sublevação. Vê-se com facilidade que, se

---

(*) «Tirano no exercício do poder, não na sua denominação.»

/ B 99, 100

180 | A PAZ PERPÉTUA

na instituição de uma constituição política, se quisesse pôr como condição o exercício, em determinados casos, da força contra a autoridade suprema, o povo deveria arrogar-se um poder legítimo / sobre aquela. Mas, então, aquela não seria o soberano ou, se ambos se pusessem a si mesmos como condição da instauração do Estado, esta não seria possível – o que, no entanto, constituía o propósito do povo. A injustiça da rebelião manifesta-se, pois, em que a máxima da mesma, se se *confessasse publicamente*, tornaria inviável o seu próprio propósito. Haveria, pois, que mantê-la secreta necessariamente. – Mas não aconteceria forçosamente o mesmo por parte da autoridade suprema. Ela pode dizer livremente que castigará toda a revolução com a morte dos cabecilhas, ainda que estes continuem a crer que aquela transgredira primeiro, por seu lado, a lei fundamental; pois se está consciente de possuir o supremo poder *irresistível* (que deve admitir-se em toda a constituição civil, porque a que não tem poder bastante para, no seio de um povo, proteger uns perante os outros também não tem o direito de sobre eles imperar), não deve preocupar-se de que a publicação das suas máximas frustre os seus propósitos e, em consonância com isto, / se a rebelião do povo triunfa aquela autoridade suprema deve retomar à situação de súbdito e não iniciar uma rebelião para recuperar o poder, mas também não deve recear que se lhe exijam contas por causa do seu anterior governo.

2. *No tocante ao direito das gentes* – só se pode falar do direito das gentes no pressuposto de alguma situação jurídica (isto é, uma condição externa sob a qual se possa atribuir realmente ao homem um direito); porque, enquanto direito público, implica a publicação de uma vontade geral que determine a cada qual o que é seu, e este *status juridicus* deve promanar de algum contrato que não tem sequer de

/ B 100, 101, 102

A PAZ PERPÉTUA. UM PROJECTO FILOSÓFICO | 181

fundar-se em leis coactivas (como aquele de que provém um Estado), mas pode ser em todo o caso o contrato de uma associação *constantemente livre,* como o caso acima citado da federação de vários Estados. Com efeito, sem um *estado jurídico* qualquer, que ligue activamente as distintas pessoas (físicas ou morais), / por conseguinte, em pleno estado de natureza, nada mais pode haver senão um direito privado. – Surge aqui também um conflito sobre a política e a moral (considerada como teoria do direito), em que o critério da publicidade das máximas encontra igualmente a sua fácil aplicação, só que o contrato une os Estados com o propósito de manterem a paz entre si e perante os outros, e de nenhum modo para fazerem conquistas. – Eis agora os seguintes casos de antinomia entre a política e a moral, juntamente com a solução dos mesmos.

a) «Se um destes Estados prometeu ao outro alguma coisa como ajuda, ou cessão de certos territórios, ou subsídios e coisas semelhantes, pergunta-se se, no caso em que está em jogo a salvação do Estado, ele se pode desligar da palavra dada, por querer ser considerado como uma dupla pessoa, primeiro como *soberano,* já que não é responsável perante ninguém no seu Estado, e, em seguida, simplesmente como o supremo *funcionário do Estado,* que deve dar contas ao Estado: pois então se cancela a / conclusão de que aquilo a que ele se vinculou na primeira qualidade não o obriga na qualidade de funcionário do Estado.»

– Mas se um Estado (ou o seu chefe) manifestasse em voz alta esta sua máxima, todos os outros ou se desviariam dele ou se aliariam com outros para resistir às suas pretensões, o que demonstra que a política com toda a sua astúcia deve sobre esta base (da publicidade) frustrar o seu propósito, por conseguinte, ir contra aquela máxima.

/ B 102, 103, 104

182 | A PAZ PERPÉTUA

b) «Se uma potência vizinha, elevada a uma dimensão temível *(potentia tremenda)*, suscita preocupações, pode pressupor-se que, justamente porque *pode*, também *quererá* oprimir; e dá isto direito aos menos poderosos a um ataque (conjunto) dos mesmos, inclusive sem haver uma ofensa prévia?» – Um Estado que quisesse *tornar pública* a sua máxima em sentido afirmativo provocaria apenas o dano ainda de um modo mais certo e com maior rapidez. Pois a potência maior antecipar-se-ia à mais pequena e, no tocante à união desta última, / isso é apenas um fraco caniço para quem sabe utilizar o *divide et impera*. – Esta máxima de habilidade política tornada pública destrói, pois, necessariamente o seu próprio propósito e, por conseguinte, é injusta.

c) «Se um Estado mais pequeno, em virtude da sua situação, separa a coesão de um maior que, no entanto, precisa daquele para a sua própria conservação, não tem este o direito de o submeter e anexar?» – Vê-se facilmente que o maior não deve deixar transparecer previamente semelhante máxima, pois ou os Estados mais pequenos se uniriam rapidamente, ou outras potências lutariam por semelhante presa, por conseguinte, a máxima torna-se inexequível em virtude da sua publicidade; sinal de que é injusta e de que também o pode ser em muito alto grau; pois um pequeno objecto da injustiça não impede que a injustiça aí manifestada seja muito grande.

3. Quanto ao *direito cosmopolita*, vou aqui passá-lo em silêncio, porque as suas máximas, em virtude da analogia do mesmo com o / direito das gentes, são fáceis de indicar e apreciar.

/ B 104, 105, 106

A PAZ PERPÉTUA. UM PROJECTO FILOSÓFICO | 183

No princípio da incompatibilidade das máximas do direito das gentes com a publicidade, temos sem dúvida uma boa indicação da *falta de consonância* entre a política e a moral (como teoria do direito). É preciso saber agora qual é a condição sob a qual as suas máximas coincidem com o direito dos povos. Com efeito, não se pode concluir pela inversa, a saber, que as máximas que toleram a publicidade são por si mesmo justas, porque quem detém o supremo poder de decisão não precisa de ocultar as suas máximas. – A condição de possibilidade de um direito das gentes enquanto tal é que exista previamente um *estado jurídico*. Pois, sem este, não há direito público algum, mas todo o direito que se possa pensar fora daquele (no estado de natureza) é simples direito privado. Ora, vimos antes que uma federação de Estados, cujo propósito é simplesmente evitar a guerra, constitui o / único *estado jurídico* compatível com a sua liberdade. Por conseguinte, a consonância da política com a moral só é possível numa união federativa (que é igualmente necessária e está dada *a priori*, segundo os princípios do direito), e toda a prudência política tem como base jurídica a instauração dessa federação na sua máxima amplidão possível; sem tal fim, toda a habilidade política é ignorância e injustiça velada. – Esta pseudopolítica tem a sua própria *casuística,* a despeito da melhor escola jesuítica – a *reservatio mentalis:* redigir os tratados públicos com expressões tais que se possam ocasionalmente interpretar como se quiser (por exemplo, a diferença entre *status quo de fait* e *de droit),* em vantagem própria; – o *probabilismo:* atribuir subtilmente más intenções aos outros, ou converter a probabilidade de um possível desequilíbrio seu em fundamento jurídico para a submissão de outros Estados pacíficos; – por fim, o *peccatum philosophicum (pecatillum, bagatelle):* considerar como / uma bagatela facil-

---

/ B 106, 107, 108

184 | A PAZ PERPÉTUA

mente perdoável a conquista de um Estado pequeno, se por esse meio um Estado muito maior é favorecido em vista de um pretenso mundo melhor [46].

A ajuda para tal é proporcionada pela dupla atitude da política, em relação à moral, de utilizar um ou outro ramo da mesma para os seus propósitos. – O amor aos homens e o respeito pelo *direito* dos homens são ambos deveres; mas aquele é um dever condicionado; em contrapartida, o segundo é um dever *incondicionado,* absolutamente imperativo, que quem quiser entregar-se ao suave sentimento da benevolência deve estar certo de o não ter transgredido. A política facilmente coincide com a moral no primeiro sentido (como / ética), em sacrificar o direito dos homens aos seus superiores; mas no segundo sentido da moral (como teoria do direito), perante a qual devia dobrar o seu joelho, a política acha aconselhável não entrar em pactos, negar-lhes antes toda a realidade e interpretar todos os deveres como actos de simples benevolência; a filosofia facilmente faria fracassar esta astúcia de uma política tenebrosa através da publicidade das suas máximas, se ela ousasse apenas conceder ao filósofo a publicidade das suas.

Com esta intenção, proponho um outro princípio transcendental e positivo do direito público, cuja fórmula seria esta:

«Todas as máximas que necessitam da publicidade (para não fracassarem no seu fim) concordam simultaneamente com o direito e a política.»

---

[46] Exemplos de tais máximas podem encontrar-se no tratado do conselheiro áulico Garve, *Über die Verbindung der Moral mit der Politik* (Sobre a relação da moral com a política, 1788). Este respeitável *erudito* confessa já no princípio que não pode haver uma resposta satisfatória à questão. Dizer, no entanto, que ela é boa, ainda com a confissão de que não é possível eliminar por completo as objecções que se lhe levantam, parece ser uma condescendência maior do que seria aconselhável admitir em relação aos que estão muito dispostos a utilizar mal tais objecções.

/ B 109, 110 – Nota / B 109

A PAZ PERPÉTUA. UM PROJECTO FILOSÓFICO | 185

Com efeito, se apenas mediante a publicidade elas podem alcançar o seu fim, devem então adequar-se ao / fim universal do público (a felicidade), e a tarefa própria da política é a consonância com esse fim (fazer com que o público esteja contente com a sua situação). Mas se este fim *só* mediante a publicidade, isto é, através da eliminação de toda a desconfiança quanto às máximas, se pode alcançar, então estas devem estar também em concordância com o direito do público, pois só no direito é possível a união dos fins de todos. – O ulterior desenvolvimento e explicação deste princípio devo deixá-los para outra ocasião; digo apenas que é uma fórmula transcendental e que se deve depreender a partir da eliminação de todas as condições empíricas (da teoria da felicidade) enquanto matéria da lei, e partir da simples consideração da forma da legalidade em geral.

*

*   *

Se existe um dever e ao mesmo tempo uma esperança fundada de tornar efectivo o estado de um direito público, ainda que apenas numa aproximação que progride até ao infinito, / então a *paz perpétua,* que se segue aos até agora falsamente chamados tratados de paz (na realidade, armistícios), não é uma ideia vazia, mas uma tarefa que, pouco a pouco resolvida, se aproxima constantemente do seu fim (porque é de esperar que os tempos em que se produzem iguais progressos se tornem cada vez mais curtos).

/ B 110, 111, 112

/ Sobre um suposto direito de mentir por amor à humanidade

(1797)

No escrito – *A França no ano de 1797, Sexta parte, n.º 1: Das Reacções Políticas* – de Benjamin Constant aparece o seguinte na p. 123:

> / O princípio moral «é um dever dizer a verdade», se se tomasse incondicionalmente e de um modo isolado, tornaria impossível qualquer sociedade. Temos disso a prova nas consequências muito imediatas que deste princípio tirou um filósofo alemão, o qual chega ao ponto de afirmar que a mentira dita a um assassino que nos perguntasse se um amigo nosso e por ele perseguido não se refugiou na nossa casa seria um crime [47].

---

[47] «I. D. Michaelis, de Gotinga, expôs esta estranha opinião ainda antes de *Kant*. Que neste lugar se fala do filósofo *Kant* foi-me dito pelo próprio autor deste escrito. K. Fr. Kramer.»

Confesso aqui que isto foi efectivamente dito por mim em algum lugar do qual já não consigo lembrar-me agora. I. Kant.

188 | A PAZ PERPÉTUA

O filósofo francês refuta este princípio na p. 124 da seguinte maneira. «É um dever dizer a verdade. O conceito / de dever é inseparável do conceito do direito. Um dever é o que num ser corresponde aos direitos de outro. Onde nenhum direito existe também não há deveres. Por conseguinte, dizer a verdade é um dever, mas apenas em relação àquele que tem direito à verdade. Nenhum homem, porém, tem o direito a uma verdade que prejudica outro.»

O πσωτον ψευδοζ encontra-se aqui na proposição: «Dizer a verdade é um dever, mas só em relação àquele que tem direito à verdade.»

Importa, em primeiro lugar, observar que a expressão «ter direito à verdade» é uma palavra sem sentido. Deve antes dizer-se: o homem tem direito à sua própria *veracidade (veracitas)*, isto é, à verdade subjectiva na sua pessoa. Pois, no plano objectivo, ter direito a uma verdade equivaleria a dizer que depende da sua *vontade,* como em geral no tocante ao meu e ao teu, que uma dada / proposição deva ser verdadeira ou falsa, o que proporcionaria então uma estranha lógica.

Ora, a *primeira questão* é se o homem em casos em que não pode esquivar-se à resposta com sim ou não tem a *faculdade* (o direito) de ser inverídico. *A segunda questão* é se ele não está obrigado, numa certa declaração a que o força uma pressão injusta, a ser inverídico a fim de prevenir um crime que o ameaça a si ou a outrem.

A veracidade nas declarações, que não se pode evitar, é o dever formal do homem em relação a quem quer que seja ([48]), por maior que seja a desvantagem que daí decorre para ele

---

([48]) Não posso aqui tornar mais acutilante o princípio ao ponto de dizer: «A inveracidade é a violação do dever para consigo mesmo.» Pois tal princípio pertence à ética; mas aqui fala-se de um dever do direito. – A doutrina da virtude vê naquela transgressão apenas a *indignidade,* cuja reprovação o mentiroso sobre si faz cair.

/ A 302, 303, 304 – Nota / A 304

SOBRE UM SUPOSTO DIREITO DE MENTIR... | 189

ou para outrem; e se não cometo uma injustiça contra quem me / força injustamente a uma declaração, se a falsifico, cometo, pois, mediante tal falsificação, a qual também se pode chamar mentira (embora não no sentido do dos juristas), *em geral* uma injustiça na parte mais essencial do Direito: isto é, faço tanto quanto de mim depende que as declarações em geral não tenham crédito algum, por conseguinte, também que todos os direitos fundados em contratos sejam abolidos e percam a sua força; o que é uma injustiça causada à humanidade em geral.

Por conseguinte, a mentira define-se como uma declaração intencionalmente não verdadeira feita a outro homem e não é preciso acrescentar que ela deve prejudicar outrem, como exigem os juristas para a sua definição [*mendacium est falsiloquium in praejudicium alterius* (*)]. Com efeito, ela prejudica sempre outrem, mesmo se não é um homem determinado, mas sim a humanidade em geral, ao inutilizar a fonte do direito.

/ Mas a mentira bem intencionada *pode* também por um *acaso (casus)* ser passível de penalidade, segundo as leis civis. Porém, o que simplesmente por acaso se subtrai à punição pode também julgar-se como injustiça, segundo leis externas. Se, por exemplo, *mediante uma mentira,* a alguém ainda agora mesmo tomado de fúria assassina, o impediste de agir és responsável, do ponto de vista jurídico, de todas as consequências que daí possam surgir. Mas se te ativeres fortemente à verdade, a justiça pública nada pode contra ti em contrário, por mais imprevistas que sejam as consequências. É, pois, possível que após teres honestamente respondido com um sim à pergunta do assassino, sobre a presença em tua casa da pessoa por ele perseguida, esta se tenha ido embora sem

---

(*) «A mentira é a declaração falsa em prejuízo de outrem.»

/ A 304, 305, 306

190 | A PAZ PERPÉTUA

ser notada, furtando-se assim ao golpe do assassino e que, portanto, o crime não tenha ocorrido; mas se tivesses mentido e dito que ela não estava em casa e tivesse realmente saído (embora sem teu conhecimento) e, em seguida, o assassino a encontrasse a fugir / e levasse a cabo a sua acção, com razão poderias ser acusado como autor da sua morte, pois se tivesses dito a verdade, tal como bem a conhecias, talvez o assassino ao procurar em casa o seu inimigo fosse preso pelos vizinhos que acorreram e ter-se-ia impedido o crime. Quem, pois, *mente*, por mais bondosa que possa ser a sua disposição, deve responder pelas consequências, mesmo perante um tribunal civil, e por ela se penitenciar, por mais imprevistas que possam também ser essas consequências; porque a veracidade é um dever que tem de considerar-se como a base de todos os deveres a fundar num contrato e cuja lei, quando se lhe permite também a mínima excepção, se torna vacilante e inútil.

Ser *verídico* (honesto) em todas as declarações é, portanto, um mandamento sagrado da razão que ordena incondicionalmente e não admite limitação por quaisquer conveniências.

A observação do Sr. Constant sobre a desconsideração / de tais princípios rigorosos e em vão perdidos em ideias impraticáveis, princípios pois repreensíveis, é razoável e ao mesmo tempo correcta. – «Sempre que», diz ele na p. 123, ao fundo, «um princípio demonstrado como verdadeiro parece inaplicável, isso acontece porque não conhecemos o *princípio intermediário*, o qual contém o meio da aplicação.» Aduz (p. 121) a doutrina da *igualdade* como primeiro elo que forma a cadeia: «Porque» (p. 122), «nenhum homem pode ser vinculado senão pelas leis para cuja formação contribuiu. Numa sociedade de apertada textura, este princípio pode aplicar-se de modo imediato e, para se tornar habitual,

/ A 306, 307, 308

SOBRE UM SUPOSTO DIREITO DE MENTIR... | 191

não precisa de nenhum princípio intermediário. Mas numa sociedade muito numerosa, é preciso ainda acrescentar um novo princípio àquele que aqui aduzimos. Tal princípio intermediário é que os indivíduos, para a formação das leis, podem contribuir em pessoa, ou por meio de *representantes*. /Quem quisesse aplicar o primeiro princípio a uma sociedade numerosa, sem lhe acrescentar o intermediário, levaria infalivelmente a sociedade à ruína. Mas esta circunstância, que apenas testificaria a ignorância ou a inabilidade do legislador, nada provaria contra o princípio.» – Ele conclui assim na p. 125: «Um princípio reconhecido como verdadeiro nunca deve, pois, abandonar-se, mesmo se aparentemente nele se encontra também um perigo.» (E, no entanto, o bom do homem abandonara pessoalmente o princípio incondicional da veracidade por causa do perigo que traria à sociedade; porque não conseguiu descobrir nenhum princípio intermediário que servisse para obstar a tal perigo e aqui também não há nenhum que efectivamente se deva inserir.)

Se quisermos manter os nomes das pessoas que aqui se citaram, o «filósofo francês» confundiu a acção pela qual alguém *lesa (nocet)* outrem, ao proferir a verdade cuja confissão ela não pode evitar, com a outra acção pela / qual comete uma *injustiça (laedit)* contra esse outro. Era simplesmente por *acaso (casus)* que a veracidade da declaração prejudicava o habitante da casa e não por uma *acção* livre (no sentido jurídico). Com efeito, exigir alguém de outro que, por direito, deva mentir para vantagem sua teria como consequência uma exigência contrária a toda a legalidade. Cada homem, porém, tem não só um direito, mas até mesmo o mais estrito dever à veracidade nas proposições a que não se pode esquivar, ainda mesmo que a si próprio ou aos outros cause dano. Por conseguinte, não é ele que propriamente *causa* dano a quem assim é lesado, mas a causa de tal dano é o acaso. Com

/ A 308, 309, 310

192 | A PAZ PERPÉTUA

efeito, o indivíduo não é aqui livre para escolher, porque a veracidade (quando ele é obrigado a falar) é um dever incondicionado. – O «filósofo alemão» não aceitará pois como seu princípio a proposição (p. 124): «Dizer a verdade é um dever, mas apenas em relação àquele que tem *direito à verdade*:» Em primeiro lugar, por causa da fórmula / pouco clara do mesmo princípio, uma vez que a verdade não constitui uma propriedade sobre a qual a um indivíduo se pudesse conceder e a outro recusar o direito; em seguida, porém, sobretudo porque o dever de veracidade (do qual apenas aqui se fala) não faz quaisquer distinção entre pessoas – umas em relação às quais poderíamos ter este dever, ou outras a propósito das quais dele também nos poderíamos dispensar – mas porque é um dever incondicionado, que vale em todas as condições.

Ora, a *fim* de passar de uma *metafísica* do direito (que abstrai de todas as condições da experiência) a um princípio da *política* (que aplica estes conceitos aos casos da experiência) e por meio deste chegar à solução de uma tarefa da política, em conformidade com o princípio geral do direito, o filósofo ressaltará: 1) um *axioma*, isto é, uma proposição apodicticamente certa que deriva de modo imediato da definição do direito exterior (consonância da *liberdade* de um indivíduo com a liberdade de todos, segundo uma lei universal); 2) um *postulado* (da *lei* / pública exterior enquanto vontade unificada de todos segundo o princípio da *igualdade,* sem a qual nenhuma liberdade haveria para cada um); 3) um *problema* acerca de como fazer que numa sociedade, por muito grande que seja, se mantenha ainda a harmonia, segundo os princípios da liberdade e da igualdade (a saber, por meio de um sistema representativo); o que constituirá, então, um princípio da *política,* cuja organização e ordenamento conterão decretos

---

/ A 310, 311, 312

SOBRE UM SUPOSTO DIREITO DE MENTIR... | 193

que, extraídos do conhecimento experimental dos homens, visam apenas o mecanismo da administração do direito e o modo como este se estabelecerá de acordo com o seu fim. – O direito nunca se deve adaptar à política, mas é a política que sempre se deve ajustar ao direito.

«Um princípio reconhecido como verdadeiro (e eu acrescento: reconhecido *a priori,* por conseguinte, apodíctico) nunca se deve abandonar, seja qual for o perigo aparente que nele se encontre», diz o autor. O que aqui se deve apenas compreender não é o perigo de (acidentalmente) *causar dano,* mas / em geral o de *cometer uma injustiça:* o que aconteceria se eu subordinasse o dever da veracidade, que é totalmente incondicionado e constitui nas declarações a suprema condição do direito, a um dever condicionado e ainda a outras considerações; e embora por uma certa mentira não cause na acção uma injustiça a alguém, no entanto, violo *em geral* o princípio do direito no tocante a todas as declarações inevitavelmente necessárias (cometo uma injustiça *formaliter,* embora não *materialiter*): o que é ainda muito pior do que cometer uma injustiça contra qualquer indivíduo, porque uma tal acção nem sequer pressupõe um princípio para ela no sujeito.

Quem suporta a pergunta que outrem lhe dirige a propósito de se ele, na declaração que agora tem de fazer, quer ou não ser verdadeiro, não admite já com indignação a suspeita contra ele deste modo levantada, isto é, que poderia muito bem ser um mentiroso, mas pede permissão para pensar numa possível excepção é já um mentiroso / *(in potentia);* o que mostra que não reconhece a veracidade como dever em si mesmo, mas reserva para si excepções a uma regra que, segundo a sua essência, não admite excepção alguma, pois esta seria uma contradição directa da regra consigo mesma.

/ A 312, 313, 314

Todos os princípios jurídicos práticos devem conter uma verdade rigorosa, e os princípios aqui designados intermédios podem apenas conter a determinação próxima da sua aplicação aos casos que ocorrem (segundo as regras da política), mas nunca as excepções àqueles, porquanto tais excepções aniquilam a universalidade em virtude da qual apenas merecem o nome de princípios.

/ A 314

ÍNDICE

1. Resposta à pergunta: Que é o Iluminismo?..................... 9

2. Ideia de uma história universal com um
propósito cosmopolita...................................... 19

3. Que significa orientar-se no pensamento? 39

4. Sobre a expressão corrente:
Isto pode ser correcto na teoria, mas nada vale
na prática.. 59

5. O fim de todas as coisas... 111

6. A paz perpétua.. 129

7. Sobre um suposto direito de mentir por amor
à humanidade 187

TEXTOS FILOSÓFICOS

1. *Crítica da Razão Prática,* Immanuel Kant
2. *Investigação sobre o Entendimento Humano,* David Hume
3. *Crepúsculo dos Ídolos,* Friedrich Nietzsche
4. *Discurso de Metafísica,* Immanuel Kant
5. *Os Progressos da Metafísica,* Immanuel Kant
6. *Regras para a Direcção do Espírito,* René Descartes
7. *Fundamentação da Metafísica dos Costumes,* Immanuel Kant
8. *A Ideia da Fenomenologia,* Edmund Husserl
9. *Discurso do Método,* René Descartes
10. *Ponto de Vista Explicativo da Minha Obra de Escritor,* Sören Kierkegaard
11. *A Filosofia na Idade Trágica dos Gregos,* Friedrich Nietzsche
12. *Carta sobre a Tolerância,* John Locke
13. *Prolegómenos a Toda a Metafísica Futura,* Immanuel Kant
14. *Tratado da Reforma do Entendimento,* Bento de Espinosa
15. *Simbolismo: Seu Significado e Efeito,* Alfred North Withehead
16. *Ensaio sobre os Dados Imediatos da Consciência,* Henri Bergson
17. *Enciclopédia das Ciência Filosóficas em Epítome (Vol. I),* Georg Wilhelm Friedrich Hegel
18. *A Paz Perpétua e Outros Opúsculos,* Immanuel Kant
19. *Diálogo sobre a Felicidade,* Santo Agostinho
20. *Princípios da Filosofia do Futuro,* Ludwig Feuerbach
21. *Enciclopédia das Ciência Filosóficas em Epítome (Vol. II),* Georg Wilhelm Friedrich Hegel
22. *Manuscritos Económico-Filosóficos,* Karl Marx

23. *Propedêutica Filosófica,* Georg Wilhelm Friedrich Hegel
24. *O Anticristo,* Friedrich Nietzsche
25. *Discurso sobre a Dignidade do Homem,* Giovanni Pico della Mirandola
26. *Ecce Homo,* Friedrich Nietzsche
27. *O Materialismo Racional,* Gaston Bachelard
28. *Princípios Metafísicos da Ciência da Natureza,* Immanuel Kant
29. *Diálogo de um Filósofo Cristão e de um Filósofo Chinês,* Nicholas Malebranche
30. *O Sistema da Vida Ética,* Georg Wilhelm Friedrich Hegel
31. *Introdução à História da Filosofia,* Georg Wilhelm Friedrich Hegel
32. *As Conferências de Paris,* Edmund Husserl
33. *Teoria das Concepções do Mundo,* Wilhelm Dilthey
34. *A Religião nos Limites da Simples Razão,* Immanuel Kant
35. *Enciclopédia das Ciência Filosóficas em Epítome (Vol. III),* Georg Wilhelm Friedrich Hegel
36. *Investigações Filosóficas sobre a Essência da Liberdade Humana,* F. W. J. Schelling
37. *O Conflito das Faculdades,* Immanuel Kant
38. *Morte e Sobrevivência,* Max Scheler
39. *A Razão na História,* Georg Wilhelm Friedrich Hegel
40. *O Novo Espírito Científico,* Gaston Bachelard
41. *Sobre a Metafísica do Ser no Tempo,* Henrique de Gand
42. *Princípios de Filosofia,* René Descartes
43. *Tratado do Primeiro Princípio,* João Duns Escoto
44. *Ensaio sobre a Verdadeira Origem, Extensão e Fim do Governo Civil,* John Locke
45. *A Unidade do Intelecto contra os Averroístas,* São Tomás de Aquino

46. *A Guerra e A Queixa da Paz,* Erasmo de Roterdão
47. *Lições sobre a Vocação do Sábio,* Johann Gottlieb Fichte
48. *Dos Deveres (De Officiis),* Cícero
49. *Da Alma (De Anima),* Aristóteles
50. *A Evolução Criadora,* Henri Bergson
51. *Psicologia e Compreensão,* Wilhelm Dilthey
52. *Deus e a Filosofia,* Étienne Gilson
53. *Metafísica dos Costumes, Parte I, Princípios Metafísicos da Doutrina do Direito,* Immanuel Kant
54. *Metafísica dos Costumes, Parte II, Princípios Metafísicos da Doutrina da Virtude,* Immanuel Kant
55. *Leis. Vol. I,* Platão
58. *Diálogos sobre a Religião Natural,* David Hume
59. *Sobre a Liberdade,* John Stuart Mill
60. *Dois Tratados do Governo Civil,* John Locke

TAMBÉM NESTA COLECÇÃO

A Fundamentação da Metafísica dos Costumes data de 1785 e antecipa-se à *Crítica da Razão Prática* (1788), abordando com profundidade o problema do imperativo moral, irredutível a qualquer outro fundamento anterior.

Entre a *Crítica da Razão Pura* (1781) e a *Crítica do Juízo* (1790), a *Crítica da Razão Prática* constitui, em termos gerais, uma resposta à interrogação moral «que devo fazer?». Ocupa-se, portanto, da razão na sua aplicação prática, enquanto determinação da vontade de agir, e estabelece a seguinte lei fundamental: «Age de tal modo que a máxima da tua vontade possa valer sempre ao mesmo tempo como princípio de uma legislação universal».

A redução da religião à moral leva Kant a expor de modo simbólico os princípios da religião cristã, a propor a distinção entre a fé histórica (fé eclesial, que é desvalorizada) e a fé da razão (fé religiosa), a encarar as verdades reveladas como simples auxiliares da religião enquanto sentimento moral.